区域创新改革试验及路径选择研究

龙海波　著

中国发展出版社
CHINA DEVELOPMENT PRESS

图书在版编目（CIP）数据

区域创新改革试验及路径选择研究/龙海波著．—北京：中国发展出版社，2017.10

（国务院发展研究中心研究丛书．2017／李伟主编）

ISBN 978－7－5177－0794－3

Ⅰ．①区… Ⅱ．①龙… Ⅲ．①区域经济—经济体制改革—研究—中国 Ⅳ．①F127

中国版本图书馆 CIP 数据核字（2017）第 261948 号

书　　　名：区域创新改革试验及路径选择研究
著作责任者：龙海波
出 版 发 行：中国发展出版社
　　　　　　（北京市西城区百万庄大街 16 号 8 层　100037）
标 准 书 号：ISBN 978－7－5177－0794－3
经　销　者：各地新华书店
印　刷　者：北京市密东印刷有限公司
开　　　本：710mm×1000mm　1/16
印　　　张：12.5
字　　　数：150 千字
版　　　次：2017 年 12 月第 1 版
印　　　次：2017 年 12 月第 1 次印刷
定　　　价：43.00 元

联 系 电 话：（010）68990692
购 书 热 线：（010）68990682　68990686
网 络 订 购：http：//zgfzcbs.tmall.com
网 购 电 话：（010）68990639　88333349
本 社 网 址：http：//www.develpress.com.cn
电 子 邮 件：105828192@qq.com

"区域创新改革试验及路径选择研究"
课题组

课题负责人

龙海波　国务院发展研究中心办公厅　　博士、副研究员

课题组成员

熊鸿儒　国务院发展研究中心创新部　　博士、副研究员
马晓白　国务院发展研究中心企业所　　博士、助理研究员
郭　巍　国务院发展研究中心办公厅　　博士、副研究员
谢宝剑　暨南大学特区港澳经济研究所　博士、副教授
黄　纯　浙江财经大学工商管理学院　　博士、副教授
刘四方　浙江大学公共管理学院　　　　博士研究生

总 序

全面贯彻落实党的十九大精神，开创新时代政策咨询研究工作新局面

李伟

2017年10月，举世瞩目的中国共产党第十九次全国代表大会胜利召开。这是在全面建成小康社会决胜阶段、中国特色社会主义进入新时代的关键时期召开的一次十分重要的大会。党的十九大，作出了中国特色社会主义进入新时代、我国社会主要矛盾已转化为人民日益增长的美好生活需要和不平衡不充分的发展之间的矛盾等重大政治论断，确立了习近平新时代中国特色社会主义思想为党必须长期坚持的指导思想，提出了新时代中国特色社会主义的基本方略，确定了决胜全面建成小康社会、开启全面建设社会主义现代化国家新征途的目标。

党的十八大以来的五年，以习近平同志为核心的党中央以巨大的政治勇气和强烈的责任担当，提出一系列新理念新思想新战略，出台了一系列重大方针政策，推出一系列重大举措，推进一系列重大工作，推动党和国家事业发生历史性变革。如在宏观经济政策领域，面对近些年我国经济在增速、结构、动力等方面发生的深刻变化，五年来，以习近平同志为核心的党中央准确把握全球经济发展

大势和中国经济发展变化，不断创新宏观调控方式，形成了作出经济进入新常态重大判断、以新发展理念为指导、以供给侧结构性改革为主线、以稳中求进为工作方法论的宏观经济政策框架。具体而言，这个政策框架有以下几个鲜明特点：

其一，作出了新常态这一重大判断。从速度层面看，经济增长速度从高速增长转为中高速增长，经济发展的质量和内涵发生质的变化；从结构层面看，经济结构发生全面深刻变化，不断优化升级；从动力层面看，经济发展从要素驱动、投资驱动转向创新驱动。认识、把握、引领新常态是当前和今后一个时期做好经济工作的大逻辑。

其二，确立了新发展理念这一指导思想。创新、协调、绿色、开放、共享五大发展理念为经济社会发展提供了战略指引，是关系我国发展全局的一场深刻变革，攸关“十三五”乃至更长时期我国发展思路、发展方式和发展着力点。

其三，明确了推进供给侧结构性改革这一工作主线。供给侧结构性改革的最终目的是满足需求，主攻方向是提高供给质量，根本途径是深化改革，这是解决我国发展面临的突出问题与挑战的必由之路。

其四，确定了稳中求进这一工作方法论。坚持稳中求进工作总基调，并将之上升为治国理政的重要原则和经济工作的方法论，这是对经济工作思想方法作出的重大调整。强调要保持战略定力，在实践中转变急于求成的思想观念和操之过急的工作方法，推动经济转向平稳健康持续发展的轨道。

从五年来的实践成效看，在这一政策框架指导下，我国经济在经历多年调整后，趋势性下行的空间明显收窄，正在逐步迈入中高速增长阶段。特别是自2016年下半年开始，我国经济运行出现了一些积极变化，企稳基础有所增强，国际环境的有利因素也在增多，我国经济转型有望从“降速”阶段转向“提质”阶段。2017年前三季度基本延续了这一态势，经济增速达到6.9%，总体保持平稳，结构不断优化，经济发展的稳定性、协调性和可持续性增强，稳中有进、稳中向好的态势持续发展。

党的十九大对新时代推进中国特色社会主义伟大事业作出了全面部署，对开启全面建设社会主义现代化国家新征程作出战略安排，明确提出全面建成小康社会、实现第一个百年奋斗目标，又要乘势而上开启全面建设社会主义现代化国家新征程，向第二个百年奋斗目标进军。从2020年到本世纪中叶，分两个阶段安排：第一个阶段，从2020年到2035年，在全面建成小康社会的基础上，再奋斗十五年，基本实现社会主义现代化；第二个阶段，从2035年到本世纪中叶，在基本实现现代化的基础上，再奋斗十五年，把我国建成富强民主文明和谐美丽的社会主义现代化强国。这一系列战略部署为包括国务院发展研究中心在内的各类智库发挥作用提供了前所未有的广阔空间，如：社会主要矛盾所指的发展不平衡不充分的具体表现在哪些方面？本世纪中叶建成社会主义现代化强国的具体内涵和指标有哪些？现代化经济体系科学内涵是什么？如何实施乡村振兴战略？全面建设社会主义现代化国家新征程中将面临哪些风险和挑战？等等。这些重大问题，都需要智库加强前瞻性研究，提供切实可行、管用的决策咨询建议。

党的十九大指出，深化马克思主义理论研究和建设，加快构建中国特色社会科学，加强中国特色新型智库建设。智库建设的内容首次写进党的代表大会报告，令人振奋。这既为国务院发展研究中心建设国际一流高端智库提供了重大机遇，也为我们履行政策研究、政策评估、政策解读和国际交流合作“四位一体”的职能提出了更高要求。国务院发展研究中心将全面贯彻落实党的十九大精神，贯彻习近平总书记2013年4月15日关于智库建设的重要批示和中央关于智库建设的总体部署，加快落实国务院已批复的《国务院发展研究中心国家高端智库建设试点方案》，全面实施质量提升、人才优化、国际交流合作、成果传播、支撑保障和党的建设等六大工程，建立健全党的建设、人才使用与激励、研究质量保障和成果创新、经费使用和管理、成果转化和传播、研究支撑、国际交流合作、统筹利用社会资源等八个方面的体制机制，加快建设国际一流高端智库，力争到2020年进入高质量服务中央决策的政策支持力强、社会影响力大、国内领先、国际一流高端智库前列。

国务院发展研究中心将把深入学习宣传和全面贯彻落实党的十九大精神作为当前和今后一段时期的首要政治任务。作为服务党中央、国务院的政策咨询研究机构，我们将牢牢把握为中央决策服务的根本方向，以习近平新时代中国特色社会主义思想为指导，坚持马克思主义立场观点方法，坚持以人民为中心的发展思想，紧紧围绕十九大作出的“贯彻新发展理念，建设现代化经济体系”“加快建设创新型国家”“实施乡村振兴战略”“实施区域协调发展战略”“加快完善社会主义市场经济体制”“提高保障和改善民生水平，加强和创新社会治理”“加快生态文明体制改革，建设美丽中国”等一系列重大决策部署，坚持问题导向，精心选题，主动加强新时代中国特色社会主义有关经济建设、社会建设、生态文明建设的全局性、战略性、前瞻性、长期性以及热点、难点问题研究，大兴调查研究之风，不断形成一大批具有较高政策价值和较大社会影响力的研究成果，为中央科学决策提供有力的智力支持，努力开创新时代政策咨询研究的新局面。

“国务院发展研究中心研究丛书”是我们每年主要研究成果的集中呈现，自2010年面世至今，已经连续出版八年。今年这套丛书成书共包括15部著作，其中：《迈向高质量发展：战略与对策》《构建“一带一路”设施联通大网络》《打好风险攻坚战：思路与对策》等3部著作是国务院发展研究中心的重大研究课题报告；《协同：促进区域经济增长的新路径》《构建竞争力导向的农业政策体系》等9部著作，是各研究部（所）的重点研究课题报告；另3部著作是青年研究人员的优秀招标研究课题报告。

最后，对于多年来中央和地方各级领导同志给予我们的肯定和鼓励，以及社会各界读者的认可和厚爱，我们深怀感恩，并表示由衷的谢意。同时，我们也深知不足，诚恳希望各级领导、专家、学者和广大读者继续给予关心、支持和帮助，对这套丛书以及我们的工作多加批评指正，促使我们以更加振奋的精神和昂扬的姿态为推进国家治理体系和治理能力现代化、决胜全面建成小康社会、夺取新时代中国特色社会主义伟大胜利、实现中华民族伟大复兴的中国梦而不懈奋斗。

2017年11月

（作者为国务院发展研究中心主任、研究员）

内容摘要

随着区域协调发展战略的逐步确立，创新活动已跨越省、市行政区域范围，在区域分工中形成了不同类型的创新改革模式。推进以科技创新为核心的全面创新改革，有利于实现资源共享、融合发展、协同创新，促进跨区域创新要素流动。迄今为止，区域创新改革试验的探索仍在进行，呈现出区域层级多元化、创新环境复杂化、改革路径趋同化等新特征。重点研究区域创新的改革路径与政策选择，有助于深化对区域协同创新的理论认识，更加注重政策落地“最后一公里”的体制机制设计。本研究在全面回顾区域创新改革试验的演进路径与制度设计基础上，初步构建了政策试验的理论框架与扩散模式，并对以全面创新改革试验为代表的新时期区域创新改革试验进展进行总结概括。与此同时，专门选取广东省（含粤港澳地区）、京津冀地区为典型案例，对两地近年来创新改革试验的总体情况及做法总结提炼，进而提出新时期区域创新改革试验的推进机制及路径选择。研究内容包括一个总报告和两个专题报告。

总报告主要内容及研究结论如下。

一是概括当前区域创新改革试验的演进路径及制度安排。随着区域经济一体化的迅速发展以及城市连绵带的形成，创新主体跨省区创新联系迅速拓展，科技资源区际流动日益频繁，区域间科技合作日益密切。当前，区域创新体系建设仍处于发展完善阶段，跨行政区域特征日趋明显，更加注重营造创新生态环境，逐步形成各具特色的区域创新体系模式，但政府主导色彩仍然浓厚。一方面，以科技创新为核心的政策试验主要以国家自主创新示范区、国家高新区和全面创新改革试验区等为载体，侧重于建设若干具有强大带动力的创新型城市和区域创新中心，形成若干高水平、有特色优势的产业聚集区，加快构建区域创新增长极。另一方面，以改革发展为核心的政策试验主要以国家级新区、国家综合配套改革试验区为平台，积极承担国家重大发展和改革开放战略任务，通过下放管理权限、放活管理体制、实施特殊优惠政策，不断营造“大众创业、万众创新”的良好环境。

地方政府依托政策试验区开展改革创新，通过创新要素流动、创新环境营造、科技平台构建、创新协同发展四个方面制定各类区域制度性安排，依托各种政策工具组合形成创新政策体系，为营造区域创新氛围和引导全社会广泛参与创新提供制度保障。总体来看，各类政策功能逐渐明晰，政策合力开始凸显，支持对象和方式更加聚焦。政策试点更加突出创新激励类政策工具的含金量，有些政策已经开始在全国范围内逐步推广，进一步调动了各类人才的创新潜能。各种扶持保障性政策日趋完善，科技金融有效融合更加深化，各类科技创新服务平台协同作用逐渐显现。然而，从区域创新体系层面看，已有区域创新政策仍缺乏系统性，各类政策之间的衔接性和配套性不够，有的还停留在宏观概念层面，没有真正落地。许多区域还普遍存在重创新政策制定、轻贯彻落实的现象。现有宏观层面的区域经济政策较多的考虑区域内协调发展和区域间平衡发展，而对于激发区域创新潜力、提高区域创新能力的整体导向不足。

二是提出新时期区域创新改革的政策试验框架与扩散路径机制。政策试验是国家治理的基本环节与常态工具，主要包括“立法试验”“试验区”和“试点”三种基本类型，它们在各自试验中发挥了积极作用。随着政策试验的逐步扩散，主要形成了自上而下、“吸纳—辐射”和自主扩散三种推广模式，以及模仿机制、学习机制、竞争机制、强制机制和公共压力机制五类扩散机制，不同扩散机制在具体创新改革政策实践中各有所长。比如，强制机制推动政策扩散的作用和功能逐渐减弱，学习和竞争机制的作用在不断增强，而公共压力机制伴随“互联网+”的兴起及政府与社会互动关系的深化，也逐步发挥了重要作用。

当前，以全面创新改革试验为代表的新时期区域创新改革试验已经全面展开，通过选择一批创新资源集中、创新生态良好、转型走在前列、短期可望突破的重点区域，继续发挥好现有各类改革试验的作用，又与国家级新区、国家自主创新示范区、国家高新区等试验区形成有机衔接。近两年来，八个试验区聚焦实施创新驱动发展面临的突出问题，着力从处理好政府与市场关系、促进科技与经济融合、激发创新者动力和活力、深化开放创新四个方面先行先试，探索形成了一批破除体制机制瓶颈的改革成果。总体来看，创新驱动发展取得新突破，改革举措不断落地；大众创业万众创新掀起新高潮，上下联动纵深发展；高技术产业与战略性新兴产业活力涌现，支撑作用更加凸显。但同时也应看到，由于区域创新水平的差异，以及地方政府资源汲取能力的不同，使得改革试验在推广过程中也会遇到许多阻碍，比如，改革试验的可复制性经验难以移植，创新人才的支撑作用发挥不够，知识产权保护和运用有待进一步强化，资源配置机制扭曲不利于区域创新活动，公平竞争的市场环境尚未真正建立。

三是对跨行政区域创新改革试验进行案例分析。本研究从跨区域创新体系的特殊性、区域协同创新的复杂性、创新要素分布的差异性等方面考虑，主要选取广东省（含粤港澳地区）、京津冀地区为例进行对比分析。广东省既是我国改革开放的先行地区，也是观察当前经济转型最具代表性的地区，粤港澳大湾区的区位特色和要素优势突出，以深圳、广州为核心的珠三角区域创新体系发展相对成熟，在创新改革试验的体制机制上进行了探索，主要举措包括：面向全球集聚创新创业人才，大力支持科技创新平台建设，着力营造宜居宜业创新环境，培育发展高水平的“湾区经济”。京津冀地区相对于广东省创新发展相对滞后，但作为我国创新资源最为富集的区域之一，有条件通过区域协同在创新驱动发展方面走在全国前列。随着京津冀协同发展上升为国家战略，京津冀地区作为全国唯一的跨省级行政区域入选“全面创新改革试验区”，在统筹推进产业、金融、人才、公共服务等方面体制机制创新，打造协同创新共同体方面进行了探索，主要举措包括：组建多层次、跨区域协同创新联盟，以中关村为引领构建综合创新示范园区，通过产业转移完善区域创新布局。

由此可见，跨行政区域创新改革试验是一个复杂的系统工程，不可能通过某一试点示范就能完成，而是需要不同类型的改革试验相互配合，逐步推动形成有利于创新的体制机制环境。这些创新改革试验既离不开一个核心区域创新改革的示范带动，也需要一个高层级协商决策机制的有效运作，更依赖于良好的区域创新环境和创新网络。只有把握好这三点，才能更好地突破现有行政壁垒，促进各行政区域的协同创新发展。从上述创新改革试验案例中，大致可以得出以下四点启示：各类创新改革试验必须统筹谋划、协同推进；创新改革试验应注重示范引领与辐射带动兼顾；创新改革试验的关键在于激发创新主体活力；不同类型区域的创新改革试验路径有所侧重。

四是探索区域创新改革试验的推进机制及政策选择。确保区域创新改革试验有序进行，需要设计一套有利于营造良好创新氛围、有利于区域创新体系建设的推进机制。总体而言，已有的制度设计有利于进一步简政放权，增强区域创新活力和自主性，但也存在制度协商成本过高、任务推进过于碎片化、改革风险驾驭能力不足等问题。当前，推进区域创新改革试验也具有许多新特点，主要表现在：国家近年来批复的各类政策性试验区明显增多；试验区的范围由单一行政区域扩展到跨几个行政区的城市群层面；区域创新改革试验逐步由各地积极向上争取优惠政策试点转为中央指定部分区域实施改革试验；覆盖整个试点区域的保障性政策和区域合作机制尚未真正建立。因此，整体谋划改革试验要处理好顶层设计与地方探索、改革先行与法规滞后、边界约束与自由裁量、推进改革与责任担当四对关系，进一步明确区域创新驱动发展不同阶段的要求。

当前和今后一个时期，推进区域创新改革试验必须把握好创新政策制定的有效性、创新政策实施的整体性、创新政策推进的联动性，在跨区域改革试验中全面深化各项改革，不断实现政策优惠向制度性红利转型。主要思路是：围绕构建开放型区域创新体系的总体目标，准确把握创新要素在跨行政区域乃至全球范围内流动的新特征，进一步理顺政府与市场在创新资源配置中的关系，更加注重创新改革试验框架与具体创新政策的有效对接，尤其是不同试点政策之间的内在关联性，更加强调领导干部的担当精神和有为意识，逐步构建起解决跨区域要素流动与利益分享的特殊保障机制，以及以市场需求为导向、改进政策供给质量的实施机制。具体抓手有：一是打造科学完备的政策供给链，解决不同部门、各类试验区与创新有关政策的简单堆砌；

二是构建条块顺畅的有效沟通机制，解决政策传递路径过长、政策供需不匹配问题；三是探索统分结合的新型组织方式，解决改革仍然各自为政、相互掣肘弊病，以及政策落地效果不明显等问题；四是以改革担当精神推进体制机制创新，解决政策试验可复制、可推广机制的传统路径依赖。

目录

第一章

引　论

随着区域协调发展战略的逐步确立，创新活动已跨越省市行政区域范围，在区域分工中形成了不同类型的创新改革模式。迄今为止，有关区域创新体系建设与改革路径试点的探索仍在进行，呈现出区域层级多元化、创新环境复杂化、改革路径趋同化等新特征。为了深入考察跨区域创新的不同发展模式，更好指导当前在部分区域系统推进的全面创新改革试验，本研究主要以跨省行政区域为研究对象，重点探讨不同区域层级下的创新改革路径与政策选择。本章拟从研究背景和意义、有关研究评述、主要研究内容、可能创新之处等对课题设计做简要介绍。

一、研究背景、目的和意义

推进以科技创新为核心的全面创新改革，真正打破行政区域限制，有利于实现资源共享、融合发展、协同创新，促进跨区域创新要素流动。可以说，研究区域创新的改革路径与政策选择，对于在更高层次推进开发开放，更广领域寻求体制机制创新突破创造了条件，具有十分重要的理论意义和现实意义。

（一）研究背景

从区域创新范围看，区域创新体系是国家创新系统的重要构成。一方面，建设创新型国家需要有一批创新网络密集、系统运行高效、发展各具特色的区域创新体系，主要以北京中关村、上海张江和广东深圳等为代表。目前，各地在转型发展中也都提出建设创新型省份、创新型城市或国家自主创新示范区等发展目标，然而，在创新路径选择中往往忽视了区域特殊性，创新协同发展的内在动力不足。比如，缺乏激发创新创业活力的体制机制和区域创新文化，创新政策不能很好适应各类地区的创新发展。

另一方面，各地区围绕培育区域经济增长极、构建区域创新中心目标形成了若干不同层级的创新区域。截至 2016 年底，国家已批准设立 156 个国家高新区、61 个国家创新型城市试点、17 个国家自主创新示范区、18 个国家级新区、12 个国家综合配套改革试验区。这些区域对于促进区际创新要素共享和新兴产业发展具有重要作用。特别是近几年批准设立的国家级新区、国家自主创新示范区以及全面创新改革试验区，大多是几个城市或区域联合形成的，跨区域协同创新的特点更加鲜明。但同时也应看到，不同层级的创新区域之间缺乏有效统筹，各地都习惯于争取最新政策而忽视对已有政策的整合，尤其是一些跨区域创新的系统性、整体性和协同性不够。

从创新改革进展看，全面创新改革试验是建设创新型国家的重要抓手。全面创新改革试验区的设立，是中央采取针对区域问题的又一个重大举措。在实施创新驱动发展战略过程中，通过设立全面创新改革试验区，在部分地区允许采取创新性的体制机制与政策，允许采取独特措施、个别做法，容许一些试验和做法存在不确定性甚至一定风险，力图通过大胆试验，打通科技向生产力转化的通道，为全面推进创新改革积累经验。系统推进全面创新改革试验，是以实现创新驱动发展转型为目标，以推动科技创新为核心，以破除体制机制障碍为主攻方向，选择一些区域开展系统性、整体性、协同性改革的先行先试，统筹推进经济社会和科技领域改革，探索营造大众创业、万众创新的政策和制度环境。

2015 年 9 月，中央办公厅、国务院办公厅印发《关于在部分区域系统推进全面创新改革试验的总体方案》，决定在京津冀地区、上海市、广东省、安徽省、四川省、武汉市、沈阳市和西安市等 8 个区域率先系统推进全面创新改革试验，力争在市场公平竞争、知识产权、科技成果转化、金融创新、人才培养和激励、开放创新、科技管理体制等方面取得一批重大改革突破，为建设创新型国家提供强有力支撑。目前，试点地区都已出台改革试验方案并按实施进度全面推进各项改革，但各地改革进展不一，尤其是跨省市行政区域的地区进展相对缓慢，改革试验方案的制定及政策考虑仍沿用以往做法。如果不能在具体改革路径上有所突破，最终可能使全面创新改革试验区成为新的“区域创新标签”。

（二）研究目的

与以往单项改革试点不同，全面创新是一项综合改革，涉及经济、社会等多个领域。本课题的研究目的，就是通过对已有跨区域创新体系建设的总结回顾，选取全面创新改革试验的几个重点地区，进行改革过程跟踪和推进前期评估研究，关键在于解决改革的路径依赖和政策趋同问题，有效发挥已有各类创新区域的政策合力，探索构建全面创新改革的跨区域合作机制。

具体来说，需要重点关注以下四个方面。一是如何看待全面创新改革中的跨区域合作。比如，针对跨区域创新主体多样性，政府如何进行有效引导？二是新的改革试验区如何有效统筹已有的各类区域创新体系。最为关键的是，如何理顺不同管理体制关系，更好发挥各类政策之间的协同效应。三是不同层级、不同区域创新改革路径选择的重点是什么。比如，京津冀地区和合芜蚌地区，在推进全面创新改革试验的具体路径是否相同？从已有区域合作的实践看，可能会产生哪些新问题？四是如何依托全面创新改革试验构建更为开放的区域创新环境，特别是在系统改革方面可复制、可推广的有效机制和政策模式。

（三）研究意义

推进以科技创新为核心的全面创新改革，真正打破行政区域限制，有利于实现共享资源、融合发展、协同创新，促进跨区域的创新要素流动和聚集。可以说，研究区域创新的改革路径与政策选择，对于在更高层次推进开发开放，更广领域寻求体制机制创新突破创造了条件，具有十分重要的理论意义和现实意义。

第一，突出跨区域创新的特殊性，有助于更好发挥市场和政府作用的新机制，逐步加深对区域协同创新的理论认识。第二，聚焦区域创新的改革路径选择，更加注重政策落地“最后一公里”的体制机制设计，有效避免全面创新改革成为新的“区域创新标签”。第三，有助于深化改革过程跟踪研究和推进前期评估，及时总结好的成果经验，发现并纠正改革试验中存在的问题，更好地提高跨区域全面创新改革的针对性和实效性。

二、有关研究述评

目前，国内外学者有关区域创新的研究成果众多，对于如何营造良好区域创新环境也进行了大量讨论，以往研究主要集中在区域创新体系特征及其构建、跨区域创新的主体间关系、区域创新与协同发展等方面，这些研究对本研究开展具有重要参考价值。如何依托全面创新改革试验构建更为开放的区域创新环境，这是当前深化改革促进创新驱动发展最为关注的课题。已有文献还较少从改革实施路径视角考察跨区域创新，有的研究也仅在宏观层面探讨了创新改革对区域发展的作用。下面，主要对与本研究紧密相关的部分研究成果进行梳理回顾。

（一）区域创新体系的研究进展

区域创新体系是国家创新体系在具体领域和具体地区的深化，通过最大限度地提高创新效率，降低创新成本，使创新所需的各种资源得到有效整合和利用，是提高区域创新能力和竞争力的根本途径。探索构建适合不同地区发展特点的区域创新体系，需要准确把握这一概念的内涵与结构，了解体系内主体间的互动机理和各要素的流动规律。

目前，学术界对于区域创新体系的内涵与结构尚未形成统一看法，但针对其构成要素、主要目的、核心特征等方面已取得积极共识。(1) 从构成要素角度看，区域创新体系主要分为创新主体和创新要素两部分。创新主体包括企业、学校、非高校科研机构等直接参与创新活动的主体，以及政府、金融机构、中介机构等为创新活动提供资金、信息、制度环境等资源支撑的保障主体。创新要素除技术、人才、资金、信息等资源外，还包括政策环境、管理制度、文化氛围等“软性”要素。(2）区域创新体系的核心目的是促进区域创新活动，推动区域内新技术的产生和使用。(3）区域创新体系的核心特征是创新要素在创新主体间的有效流动。经典的区域创新体系研究认为，当一个区域内各创新主体形成频繁的互动，即认为在该地区形成了区域创新体系。尽管后来的研究对各主体间的互动形式有不同的见解，但各类要素在创新主体间的有效流动，已基本成为这一研究领域的广泛共识。具体来看，区域创新体系研究呈现以下几个特征。

区域创新体系内涵逐渐拓宽。为了更好地对创新系统在国家层面上的空间集中化趋势进行探讨，“区域创新系统”（Regional Innovation System）的概念在 20 世纪 90 年代初期开始流行（Asheim，1995；Asheim & Isaken，1997；Cooke，1992，1998，2001）。这一系列研究主要是受到“国家创新系统”（Lundvall，1992；Nelson，1993）概念的启发，并基于相类似的原理，强调基于领土的创新系统。区域创新体系概念的兴起也与后福特时代下区域产业集群和马歇尔式产业区的成功密切相关（Asheim & Cooke，2000；Porter，1990，1998）。随着相关研究的逐步深入，区域创新体系更多地被视为区域生产结构（或经济活动）中支撑创新的制度基础设施（Asheim & Gertler，2005）。“区域”本身作为中观层面经济调控的重要基础，创新活动越来越多地通过区域创新者的网络、本地集群和研究机构的交叉效应而产生（Lundvall & Borras，1999）。区域的创新治理通过私人代表机构（如企业、商会及专业性中介）、公共机构（如大学和研究机构、政府部门及基金会），以及相关的制度性网络来实现（Asheim et al. 2003）。此外，区域创新体系也更多地被视为特定区域中许多相互依赖性较强的系统关系和一整套涉及态度、价值观、规范、惯例和期望的“区域文化”

(Bathlet，2003；Isaksen，2004)。

区域创新体系呈现多样性特征。源于区域生产结构与制度机构在概念上的多样化和实证上的丰富性，区域创新体系呈现出了多种各具特色的发展类型（Asheim & Isaksen，2002，2010)。主要表现在：(1)“领土嵌入式”区域创新体系。这种区域创新体系中的企业多为应用综合性知识（而非分析性知识)，其创新活动主要源于依靠地理、社会和文化上亲近性的本地化学习，而与知识组织没有太多直接的互动。这类体系的最典型代表就是产业区的中小企业创新网络，如在意大利、法国等国家内制造业相对发达的中小城镇带区域（Granovetter，1985)。(2) 区域性的网络化创新体系。这类体系与领土嵌入式类似，企业和公共组织仍是嵌入在特定区域并以本地化学习为特征，差异在于区域内的制度性基础设施更加显著。比如，通过使基于区域的研发机构、职业培训以及涉及企业创新的本地化平台发挥更广泛、更高级的作用。这类体系一定程度上相当于区域性产业集群与（周边区域内）支持性制度基础设施的结合（Cooke，2006)。这类体系在德国、瑞典、芬兰等欧洲国家最为典型。(3)“区域化的国家创新体系”。这类系统在产业的各个环节和制度性基础设施中更多融入到国家甚至全球创新体系之中，组织之间合作项目也更多以正式的“分析性—科学性知识”为基础。开放创新成为该类体系的最大特点，创新扩散更多依靠跨区域的“实践共同体”得以实现（Amin & Cohendet，2004)。

各创新主体的联结方式仍然存在争论。有研究认为，企业在区域创新体系中处于核心位置，其他主体均处于辅助和支撑这一核心的外围地位。也有一些学者将大学、科研机构和政府都置于整个区域创新体系的中心。不难看出，这些分歧的产生与学者对创新过程的理解及区域禀赋有关。一方面，创新过程并不是简单的“线性”过程，而是复杂的“互动”过程，创新过程的激发点并不遵循某一特定的规律，这使得学者对创新体系中心的认识多样化。另一方面，区域发展潜力、区域一体化水平、技术转移的管制模式、社会凝聚力和区域壁垒等指标会影响区域创新体系，使其呈现多样化的结构。目前，“互动型”的区域创新体系模型已经成为研究的主流认识，“二系统”模型、“集群中心”模型、“GEM”模型等都是具有代表性的区域创新体系模型。在此基础上，我国一些学者也提出了新的概念模型，或是对现有模型的优化，为科学地分析区域创新体系提供了可借鉴的理论框架。

（二）跨行政区域创新的形成及特征

随着创新交互性和创新全球化趋势的增强，上述第二类和第三类区域创新体系逐渐成为主流范式，即更多注重跨区域（地理）范围的“协同式”或“开放式”创新，而非仅仅聚焦于特定区域内“自循环式”创新模式。换句话说，仅从单个区域出发研究区域创新体系是不够的，当下乃至未来对区域创新体系发展规律的研究应更多从跨区域的视角加以探讨。可以说，跨行政区域创新系统是一个跨越行政区域而又从属于国家创新系统的子系统。

跨区域创新的形成基础。区域间的多维临近性是跨区域创新形成的重要基础。20 世纪 90 年代以来，邻近性的概念得到高度的重视和扩展，除了地理邻近性以外，还有其他维度的邻近性影响技术创新合作（Torre A，Gilly J P.，2000），比如，认知邻近性、组织邻近性、制度邻近性、文化邻近性、战略邻近性、个人邻近性、关系邻近性、社会邻近性和技术邻近性（党兴华，2013）。跨区域创新合作就是一个区域内的创新主体为了获取和利用区域外部具有互补性的创新资源和要素，与区域外的创新主体在技术创新方面开展的各种各样的合作，以获得在相关领域产生单独创新不能取得的更大创新成果。跨区域技术创新合作是一个复杂的空间与非空间要素的综合体（Mattes J.，2012），涉及知识、资源以及行为三个层面的整合（陈劲、阳银娟，2012）。与此同时，自然经济和社会发展的空间分布不平衡性，也必然影响行政区域间的要素流动，逐步形成竞争与互补的关系（王鹏，2009）。不同区域间通过合作创新，有利于实现优势互补、各取所需，最终实现共同发展。此外，区域经济的专业化分工推动了跨行政区域创新体系的形成。各行政区域通过比较优势进行区域产业分工，可以提高区域经济水平，增强跨行政区域创新合作的动力，达到"1+1>2"的整合效果。不过，过去国内学术界对区域创新体系的研究多以行政区域为边界，较少地将有相近的自然、人文地理和历史的区域作为一个整体进行"区域系统"研究。但随着经济体制改革不断深化，以行政边界为主的创新体系建设难免会因过于强调行政区划而排挤其他地区的创新，造成创新效率的下滑，从而制约区域创新。

跨区域创新系统的主要特征。跨行政区域创新体系打破了传统区域创新体系的行政区划，有区别于基于行政区域创新体系的独特之处，主要表现在：（1）创新主体多元化。由于行政区划的存在，跨行政区创新体系的各类主体从属于不同的行政区域，各创新主体的经济、文化背景不同，存在差异。如，政府在跨行政区域创新主体的差异表现中最为明显，但政府主动引导角色关键。（2）跨行政区划中创新主体之间联系密切。不同行政区划的创新主体间基于创新资源的差异引发出创新要素之间的频繁流动，具体表现为：在文化同类性、地理相近度的条件下，市场寻求创新资源而产生的产学研的联系、产业链上的联系、市场上的联系、基础设施等创新环境上的联系等。（3）跨行政区创新活动分工明确、互补性强。在创新主体之间的密切联系下，多元化的同类创新主体以及跨行政区域内的不同创新主体在协作与竞争中各自发挥其比较优势形成合理而明确的创新活动分工，既包括横向分工（如创新活动的行业分工），也包括纵向分工（如创新活动在价值链上的先后分化等）。（4）营造相对统一的创新环境难度较大。跨越行政区域创新环境的营造，涉及多个处在不同发展阶段、不同发展水平上的子区域。由于行政区划存在，难免引起利益争端，造成在创新环境营造中的分歧。同时，各个区域市场的发育程度、社会资本的发达程度，都对跨行政区域创新体系能否形成有重要影响，也对全面创新改革路径选择提出了更高要求。

（三）区域创新驱动与协同发展方面

区域创新驱动发展的现状与主要路径。随着我国区域发展模式逐步由要素和投资驱动转向创新驱动，区域创新体系、区域协同创新与区域经济转型发展的关系日益密切。比如，吕薇、马名杰等（2013，2014）对我国区域创新驱动转型发展的现状、模式以及典型城市创新驱动发展问题进行了长期深入研究，为区域创新驱动发展的政策研究提供了颇具代表性的重要参考。已有研究主要发现有：（1）创新已成为各地转变发展方式的重要抓手，但全国区域间创新要素配置和科技资源基础设施差距较大，区域创新能力发展不均衡，目前已初步形成长三角、珠三角和环渤海三大创新高地；（2）提高区域创新能力的关键是营造有利于创新的市场环境，集聚创新要素，而政府主要作用就是改善创新生态环境，吸引国内外创新要素；（3）区域创新发展模式及路径与科技基础设施、产业基础和创新文化高度相关。此外，马名杰、石光（2014）也从创新要素的区域布局方面剖析了我国区域层面的创新集聚现象；龙海波、杨超（2014）归纳了国内外区域创新生态体系建设的经验。

区域创新协同发展与政策扶持方面。侯永志、孙志燕（2015）等针对促进区域协同发展的创新政策进行了专题研究，提出加强各地创新政策的协同性、加快创新资源空间布局优化、采取差异化创新扶持政策以及构建更开放的区域创新环境等政策建议，还从经济新常态下识别、培育新的战略性区域视角，研究了推动区域经济科学有序发展、提升资源空间配置效率的政策思路。比如，推动跨行政区域分工合作，不断提高区域间协同创新能力，不仅有利于克服行政分割、促进资源要素跨区域流动，对于跨区域公共事务治理协调、创新利益共享和创新风险分担机制也具有重要作用。与之相关的，李善同（2007，2015）、刘云中（2011）、刘勇（2013）、宣晓伟（2013，2015）等还分别从区域差距及空间布局、区域政策、区域经济一体化、区域发展战略等方面剖析了我国区域发展的特征及体制机制性问题。

构建协同创新共同体试点探索方面。国务院发展研究中心在2015年专门就“促进形成京津冀协同创新共同体的思路和试点方案”（2015）进行了专题研究，对跨区域系统的协同创新机制设计具有重要参考价值。这项研究明确了“跨区域协同创新共同体”的内涵——以科技创新为重点，通过深化改革开放、突破行政区划分割，形成定位明晰、分工合理、优势互补、互利共赢、高效运行的区域协同创新体系，并从支撑体系、重点产业协同、协同创新示范区以及创新服务体系试点等方面提出了具体建议。

此外，区域创新领域的国内外学者也开展了区域创新集群（Rosenfeld，1997）、区域创新网络（Simard & West，2006；De Jong et al.，2010）、区域协同创新（陆大道，2003；张波，2010）等相关研究，从不同视角剖析了区域创新系统对区域发展绩效的决定性作用。

（四）改革方法与推进方式的探索

单纯关注改革路径及其推进方式的研究不多，已有研究主要基于宏观视野探讨改革方式，但缺乏针对某一领域进行中观层面的考察。国务院发展研究中心有关专家在这方面做了较为深入的探索，也为本课题的开展奠定了良好基础。魏加宁等（2014）在《改革方法论与推进方式研究》中指出，应摒弃过去那种仅仅依靠政府主导下的单一行政手段推动的运动式改革模式，转向通过推进治理体系和治理方式的现代化，构建持续推进改革所需的体制机制架构，包括事前事后评估机制、干部任用选拔机制，以及改革的沟通机制和利益协调机制等相关配套机制。张永伟（2014）通过对近年来试点工作的考察，认为过多依靠倾斜性政策来推动试点容易造成“改革成功假象”。据大致统计，在近十年我国实施的200多个国家试点项目中，未得到推广项目的数量（57.3%）高于已推广的项目数量（42.7%）。在此基础上，提出了改进试点工作的总体思路和具体建议，比如，树立全面深化改革试点的新思维、建立试点工作的协调机制、健全试点选择机制、建立系统监管和纠偏纠错机制等。

三、主要研究内容与方法

为了深入考察区域创新改革试验，更好地指导当前在部分区域系统推进的全面创新改革试验，本研究在全面回顾区域创新改革试验的演进路径与制度设计的基础上，初步构建政策试验的理论框架与扩散模式，并对以全面创新改革试验为代表的新时期区域创新改革试验进展进行总结概括。与此同时，专门选取广东省（含粤港澳地区）、京津冀地区为典型案例，对两地近年来创新改革试验的总体情况及做法总结提炼，进而提出新时期区域创新改革试验的推进机制及路径选择。课题总报告由四个部分构成，两个专题报告详细阐述广东省和京津冀地区创新改革试验的探索过程及启示。

（一）主要研究内容

研究内容包括一个总报告和两个专题报告。总报告内容包括如下。

一是概括当前区域创新改革试验的演进路径及制度安排。通过对以科技创新和改革发展为核心的政策试验进行总结回顾，重点分析地方政府在创新要素流动、创新环境营造、科技平台构建、创新协同发展等方面的区域制度性安排。在对区域创新政策工具进行分类及比较分析基础上，主要对国家高新区和国家自主创新示范区近年来实施的创新政策效果进行评述，从而为全面创新改革试验的深入推进提供参考。

二是提出新时期区域创新改革的政策试验框架与扩散路径机制。通过对政策试验的内涵、分类及变化过程等核心问题进行聚焦，构建包括总体方法论、试验领域、试验类型在内的政策试验分析框架，以及当前区域创新政策扩散的主要模式与机制。在此基础上，分析阐述了以科技创新为核心的全面创新改革试验的背景特点和主要阶段，以及与已有试验区的关系，着重从处理好政府与市场关系、促进科技与经济融合、激发创新者动力和活力、深化开放创新四个方面概括系统推进全面创新改革试验的基本进展和推广面临的主要困难。

三是对跨行政区域创新改革试验进行案例分析。主要从跨区域创新体系的特殊性、区域协同创新的复杂性、创新要素分布的差异性等方面考虑，选取广东省（含粤港澳地区）、京津冀地区为例，对两地创新改革试验的总体情况及做法进行总结。在此基础上，归纳提炼跨行政区域创新改革试验的特点及比较启示，试图回答以下问题：如何统筹协调各类试验区关系及政策考虑？创新改革试验的关键抓手何在？现有推进跨区域全面创新的改革方式是否存在传统路径依赖？不同类型区域创新改革试验路径是否趋同？

四是探索区域创新改革试验的推进机制及政策选择。通过对现有改革推进路径及方式进行总结归纳，充分考虑创新政策制定的有效性、创新政策实施的整体性、创新政策推进的联动性，处理好顶层设计与地方探索、改革先行与法规滞后、边界约束与自由裁量、推进改革与责任担当四对关系，进一步明确区域创新驱动发展不同阶段的要求，着重从政策体系整合、政策供需匹配、政策有效落地、政策推广路径四个层面扎实推进制度设计，并提出有关政策建议。

专题报告一《广东省创新改革试验的实践与探索》。广东省既是我国改革开放的先行地区，也是观察当前经济转型最具代表性的地区。依靠“敢为天下先”的改革精神和“杀出一条血路”的改革勇气，广东在上一轮改革开放大潮中取得了举世瞩目的成就，更为全国树立了样板、提供了经验，成为区域创新驱动发展的“试验田”。本专题报告基于实地调研，围绕“深化开放创新”系列重点改革进行分析，着重提炼一些具有代表性、相对成熟的政策举措，并总结相应的经验启示。

专题报告二《京津冀地区创新改革试验的实践与探索》。随着京津冀协同发展上升为国家战略，京津冀地区作为全国唯一的跨省级行政区域入选“全面创新改革试验区”，创新改革试点示范深入开展，以科技创新为核心，统筹推进产业、金融、人才、公共服务等方面体制机制创新，在推进协同创新共同体方面进行了许多探索。本专题报告基于研究素材，围绕“协同创新发展”系列重点改革进行分析，着重提炼一些具有代表性、相对成熟的政策举措，并总结相应的经验启示。

（二）主要研究方法

一是案例比较分析。当前，区域创新模式正在从封闭式向开放式过渡，创新组织从单线条向网络化转变。针对当前创新改革试验的跨区域特点，从区域创新体系的特殊性、区域协同创新的复杂性、创新要素分布的差异性等方面考虑，专门选取广东省（含粤港澳地区）、京津冀地区为例，对两地创新改革试验的总体情况及做法进行总结，并对两地创新改革试验做对比分析。在此基础上，归纳提炼案例启示及借鉴意义。

二是归纳与演绎分析相结合。在全面回顾区域创新改革试验的演进路径与制度安排基础上，以演绎分析为前提，重点阐述政策试验的理论框架与扩散模式。通过对8个试验区全面创新改革试验进展情况的归纳，总结当前区域创新改革面临的困难及难点，从政策试验路径选择的视角研究提出区域创新改革试验的推进机制及政策建议。

四、研究特点与创新之处

作为一项政策导向研究，本课题紧扣当前部分区域系统推进全面创新改革试验背景，研究重点试验地区（多为跨不同级别行政区划）的创新制度变革与创新系统建设问题（包括对一些代表性改革政策推进的事后评估）。与已有的国内外区域创新相关研究比较，其可能的创新点主要体现在以下几点。

一是研究对象的延伸。从过去“仅关注个别相对封闭的行政区域”转向“更大地理范围或更高治理层级，尤其是跨行政区划的跨区域创新体系”。

二是研究内容的扩展。从过去“（相对静态地）研究广义的创新制度与创新主体及区域创新系统的关系”转向“（相对动态地）研究典型的创新制度变革对不同创新主体及区域创新系统的影响”。其中，“创新制度变革”与中央政策文件中的“创新改革试验”属于同一语境。

三是研究目标的差异。与多数区域创新系统的理论或实证研究不同，本研究致力于通过对典型试验区域改革经验的归纳与剖析，帮助各级政府及时总结可复制、可推广的经验与模式，提升各地创新政策制定与创新治理水平。

执笔人：龙海波　熊鸿儒

第二章

区域创新改革试验的演进路径及制度安排

区域创新体系是增强自主创新能力和提高综合竞争力的基础支撑。当前，区域创新体系建设仍处于不断发展完善的阶段，区域创新体系建设的跨行政区域特征日趋明显，更加注重营造创新生态环境，逐步形成了各具特色的区域创新体系模式，但政府主导色彩仍然浓厚。通过以科技创新和改革发展为核心的政策试验在局部范围内进行探索试点，许多地方政府依托政策试验区开展改革创新，为区域创新体系建设提供政策支撑，为深入推进区域创新改革试验奠定了良好基础。在对区域创新政策工具进行分类及比较分析基础上，主要对国家高新区和国家自主创新示范区近年来实施的创新政策效果进行评述，从而为全面创新改革试验的深入推进提供参考。

一、区域创新体系的形成及发展特点

区域创新体系并不是一个孤立系统，而是与其他区域创新系统相互影响、相互作用的。它是国家创新体系在区域层次的延伸和体现，同步推进区域创新体系与国家区域发展战略，将有利于国家创新驱动发展战略的实现。从20世纪初熊彼特提出“创新”概念，到80年代后期学术界对国家创新体系的关注，逐渐突出创新是一个系统的概念。创新是引领经济发展第一动力，能否构建因势利导的区域创新体系，成为新形势下推动区域经济发展的核心问题。

（一）构建区域创新体系的意义

区域创新能力已成为地区经济获取竞争优势的决定因素，不断增强区域创新能力，从根本上提高其经济竞争力，已成为促进区域发展的关键。作为国家创新体系重要组成部分的区域创新体系，是区域创新能力提高的根本保证。建设区域创新体系，能够最大限度地提高创新效率，使创新所需的各种要素资源得到有效配置，真正实现区域发展由要素投入向创新驱动的转变，同时也是区域创新改革试验演进的重要阶段。因此，必须从不同视角认识构建区域创新体系的重大意义。

1. 历史认知：创新发展从封闭走向开放

区域创新体系建设是一项系统工程，但更多地认为它是一个封闭的内循环系统，各个创新主体之间联系松散，彼此交流合作缺乏统一的目标导向，容易导致区域创新体系内各自为政。从我国区域创新体系的发展历程看，大致可以划分为三个阶段[①]：一是以建立现代企业制度为主的管理创新阶段（1992～2002年）；二是以提高自主创新为主的科技创新阶段（2003～2011年）；三是以体制机制改革为主的制度创新阶段（2012至今）。其中，科技创新阶段是从2003年科技部主办的“区域创新体系建设研究工作研讨会”开始。前两个阶段的区域创新体系建设处于相对封闭阶段，虽然强调了企业和科研机构的创新

① 胡树华、牟仁艳：《构建区域创新体系战略研究》，科学出版社2016年版，第22页。

主体，但由于很少触及制度层面的创新，区域性制度壁垒仍然存在，企业和科研机构创新积极性不高，区域创新体系建设过程中行政色彩浓厚，与国家创新体系建设、区域发展战略缺乏有机联系。

随着全球化程度日益加深，世界经济发展呈现区域一体化的趋势。在这一背景下，创新要素流动更加频繁、区域合作更加紧密，区域创新体系越来越具有开放性和多样性。构建开放型区域创新体系已成为提升区域创新能力的关键，也是获取区域竞争优势的重要途径。因此，需要打破区域的封闭性壁垒，从全球视野审视和考察区域创新体系，构建禀赋开放性的区域创新体系。从本质上讲，区域创新体系就是一种制度环境，即创新行为各关系主体要受到区域内正式和非正式治理机制的作用。它不仅要培育相对齐备、有机联系、依存共生的创新主体，还应围绕创新链的各环节构建开放、多元、共生的体制机制，打通区域内部阻碍创新要素合理流动、创新资源合理配置、创新功能互补协作的瓶颈，搭建区域内外创新合作交流桥梁。

2. 理论演进：创新发展与区域经济的融合

区域创新体系（Regional Innovation System，RIS）概念源于演化经济学，最早是由库克（Cooke，1992）等人在“创新体系”“国家创新体系”概念基础上提出的。它强调组织特别是企业面临复杂的社会环境条件下学习和变革的过程，其目的在于为区域之间显著的增长差异提供深层次的理论解释，以及为政府运用政策影响创新的过程提供一个分析框架。他在《区域创新体系：在全球化世界中治理的作用》一书中指出，区域创新系统作为国家创新系统的重要组成部分，是特定区域内由政府、企业、研发机构以及中介组织等相关技术创新和扩散主体通过技术研发、储备、转让和产业化等交互作用形成的网络系统。

区域创新体系涉及经济、社会、科技等多个领域，与之相关的理论主要集中在区域经济、创新经济和创新系统论三个方面[①]。区域经济学主要从区域创新要素投入的角度认识区域增长动力来源，为区域创新体系提供了动态研究范式，其代表性理论有增长极理论、内生经济增长理论等。创新经济学诠释了区域创新体系的内涵与运行发展模式，主要从体系运作机制、要素扩散机制的角度解释创新内涵，为区域创新体系提供了部分理论框架，代表性理论有熊彼特创新理论、非线性创新模式等。创新系统学将区域创新体系引入系统研究范畴，更好地延续了国家创新体系理论在区域层面的发展，有利于创新系统中宏观层面与微观层面的理论衔接，进一步丰富了区域经济理论在创新领域的发展。

当前，国家、区域间经济合作日趋紧密，世界经济与国内经济发展区域特征愈加凸显。构建区域创新体系更有利于多学科融合，由此衍生出新的理论分支学派——国际经济地理学，其理论基础与国家创新体系理论、进化经济学理论、新区域科学和现代区域发展理论密切相关。具体而言，国家创新系统理论既是区域创新系统的理论基础，同时也是其高阶范畴，它以更小的地理单元呈现国家创新体系。借鉴进化经济学的视角，区域创新体系理论在表述经济主体、企业和市场时，注重强调历史、环境和机构对企业的影响。而新区域科学和现代区域发展理论，则是强调学习创新和地方社会文化环境。通过地理邻近和聚集效应，方便各行为主体相互学习，促进技术的创新、扩散和积累，将企业、客户、大学、科研机构、中介机构及政府机构组成一个较为有效的网络结构，这是区域创新体系理论分析区域创新各主体互动机制的重要理论基石。

① 王松、胡树华、牟仁艳："区域创新体系理论溯源与框架"，载《科学学研究》2013 年第 3 期。

3. 实践需要：建设创新型国家的重要抓手

建设创新型国家需要形成结构合理、运行高效的国家创新体系，而国家创新体系的根基，在于培育充满活力的区域创新体系。2016 年 5 月，中共中央、国务院印发《国家创新驱动发展战略纲要》（以下简称“纲要”），提出到 2020 年进入创新型国家行列，2030 年跻身创新型国家前列，到 2050 年建成世界科技创新强国“三步走”目标。《纲要》指出，要形成面向未来发展、迎接科技革命、促进产业变革的创新布局，突破制约经济社会发展和国家安全的一系列重大瓶颈问题。然而，我国区域经济发展不平衡、不充分，地区间资源禀赋与比较优势差异较大，如何建立适合不同地区发展特点的区域创新体系，成为贯彻落实国家创新驱动发展战略的关键所在，同时也是建设创新型国家的重要抓手。

随着区域经济一体化的迅速发展以及城市连绵带的形成，创新主体的跨省区创新联系迅速拓展、科技资源区际流动日益频繁、区域间科技合作日益密切。一些具有较强内在经济联系的邻近区域还在创新互动与科技紧密合作的基础上，培育发展跨省市区的区域创新协作网络，共同推动区域创新发展的大联合、大协作，不断完善跨行政区的区域创新体系。近年来，国家从区域协调发展全局出发，根据不同地区的资源禀赋、产业基础、社会环境等因素，围绕科技创新资源区域配置的体制机制进行积极探索，在我国东部沿海地区形成了以京津冀、长三角、珠三角三大都市圈为核心的创新高地，西部地区形成了以关中、成渝等为核心的若干科技密集区。

在上述若干科技密集区中，珠三角（粤）、长三角（沪苏浙）、环渤海（京津辽鲁）、关中和成渝 5 个地区，科技人员占全国科技人员的 60% 左右，科技支出占全国科技总支出的 70% 以上；珠三角、长三角、京津冀和关中、成渝的专利授权量和科技论文数、技术市场成交额分别占全国的70%、80%和60%。由于创新资源区域配置特征显著，创新资源空间分布高度集聚，若干都市圈已成为我国具有较强创新能力的“创新高地”，也是新时期推进区域创新改革的重要试验田。

（二）区域创新体系的概念与发展特点

区域创新体系是指在一定地域范围内，由相互作用、相互联系的创新要素组成的具有一定结构和功能的有机整体，它介于国家创新体系和产业创新体系之间。借鉴已有区域创新体系模型，在归纳总结不同创新主体及创新要素之间互动关系基础上，本研究提出了基于三个层面的区域创新体系模型，重点阐述各创新主体、创新要素的功能与流动特征。需要指出的是，这里的层面并无“核心”与“外围”之分。

由图2-1可见，区域创新体系大致可划分为三个层面：第一层面包括企业、大学、科研院所等直接参与创新活动的主体以及促进以上三类主体间要素流动的中介机构和提供资金的金融机构；第二层面是为第一层面活动提供制度性保障和基础公共服务的政府组织；第三层面是整个区域的创新文化氛围，这也是有别于其他区域创新体系的重要体现。

在直接参与创新活动的大学、科研院所和企业三类主体间，技术从大学、科研院所流向企业，资金从企业流向大学和科研院所，人才与信息在三者间相互流动，同时各项创新要素通过中介机构在这三类主体间流动，各要素的流向与资金流动一致。金融机构作为区域创新系统资金的主要来源，通过企业将资金投入到系统当中。政府为上述活动提供法律、政策等制度保障和基础公共服务，同时在一些区域创

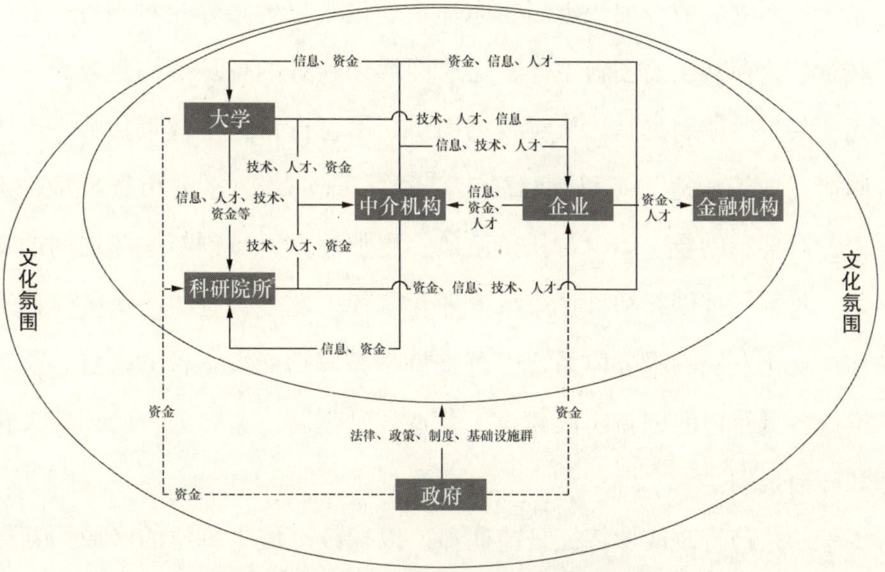

图 2－1　基于三个层面的区域创新体系模型

新体系中，政府也会向企业、大学、科研院所提供鼓励性、扶持性的资金。文化氛围作为不可或缺的创新要素，处于整个体系最外层，与其他创新主体和要素所构成的创新体系相互影响、共同促进。

从区域创新体系的内涵结构可以看出，地方政府不仅是区域创新体系重要的创新主体，也是促进各创新主体互动、要素自由流动的规则制定者，更是区域创新改革的重要推动者。随着区域创新体系建设的不断深入，提升区域创新能力、完善区域创新体系的任务更为迫切，一些新特征、新趋势逐渐显现。

一是更加注重营造创新生态环境。从理论层面讲，引入“生态”概念是在创新系统理论的基础上有选择性地融入生态思想，将创新看作是内容更为丰富、要素间联系更为紧密、内部结构更为复杂、整体更为优化的自动系统。创新生态理念改变了过去只注重创新活动本身的狭隘观点，它更加突出创新主体之间的互动性，以及与外部环境之间的依存性，而彼此之间关系的融洽程度可能会影响甚至决定着区域系统创新的成败。加快创新生态体系建设不仅要培育相对齐备、有机联系、依存共生的创新主体，还应围绕创新链的各环节构建开放、多元、共生的体制机制。从实践层面讲，不再盲目比拼政策优势、人为制造“政策洼地”，而是注重培育开放、统一、公平的市场环境；不再针对某一创新主体出台扶持政策，更加注重区域创新主体之间的协同，尊重科技创新和科技成果产业化规律。此外，更加注重科技创新和产业化发展的服务体系，以及支持创新等功能型平台的搭建，积极推进各具特色的创新园区建设，营造鼓励创新、宽容失败的创新文化和社会氛围。

二是跨行政区域特征日趋明显。以行政区域为单位的区域创新体系建设往往成为地方政绩比拼的砝码。一些地方政府不考虑区域自身经济发展水平、创新资源禀赋等条件，制定不适合区域发展的创新战略与政策，R&D 投入增长量有余而质不足，造成从数据上看 R&D 投入持续增长但整个区域仍缺乏创新活力，这样的做法不仅对创新毫无帮助，从长远看还会消磨企业家、研究者对创新的热情和信心，严重破坏创新生态环境。随着经济全球化和区域经济一体化的快速发展，过分强调行政区域边界的做法已经开始对区域创新体系的发展形成制约。从本质上讲，区域创新体系的构成要素也不是以行政区域为边界的，它需要在跨行政区域乃至全球范围内流动。近年来，跨行政区域的创新体系建设也成为一种趋势。从城市内部行政区创新资源整合的开发区，到由省内若干城市组成的自主创新示范区，再到跨省的创新改革试验区，创新资源整合能力越来越强，跨行政区域创新模式更是日趋成熟。这既是市场机制作用下区域创新优势互补、创新资源流动的必然选择，也是央地政府共同推动下跨行政区域创新模式的一种探索。

三是区域创新体系模式各具特色。由于各地区经济发展、要素禀赋、产业结构、区域文化不同，区域创新体系建设必然存在差异性，主要表现在：地区间科技资源配置不均衡、市场发育和开放程度不同、区域创新能力差异较大。正如《中国区域科技创新能力监测报告2016》显示，中国东部发达地区优势全面，中部地区高技术产业化和科技进步环境指数进步较快，中国正逐步形成各具特色的区域创新体系。当前，全国156个国家高新区和17个自主创新示范区正成为区域创新体系建设的中坚力量，也是当地创新最为密集的重点区域。从全球和其他地区的发展经历看，区域创新体系建设的模式多种多样，各自所承担的历史使命和功能定位也不同。比如，珠三角自主创新示范区以“创新湾区”为载体，结合自身市场化程度较高、资源分布不均的特点，积极探索开放式协同创新路径，努力构建开放性、聚集性、扁平性的网络化区域创新体系。又如，长株潭自主创新示范区立足区域内有优势的特色产业，发挥科技创新资源的洼地效应，成为中部地区创新资源最集中的区域之一。

四是政府主导色彩仍然浓厚。政府是区域创新的规划者，直接推动区域创新体系建设。从根本上讲，区域创新体系应该是以市场机制为基础、由市场主导和选择形成的，但地方政府在区域创新体系建设中仍然占据重要地位。除深圳、上海等少数地区外，绝大部分地区尤其是在市场机制建设尚不完善的欠发达地区，地方政府主导的色彩仍然浓厚。特别是在创新要素配置、产业集群形成、科技服务平台建设等方面，政府通过各种手段形成的引导机制作用更加明显。这样的方式在改革之初有利于尽快凝聚广泛共识、整合创新资源，最大限度减少创新风险。随着改革的进一步推进，政府的作用应该体现在营造良好的创新生态环境上，合理调控各创新主体与环境之间的联系。总的来说，政府在区域创新体系中的作用主要是提供区域创新环境的制度供给，而政府发挥作用的差异主要体现在市场规则、创新政策、法律法规的认识和理解上。

二、历次区域创新改革试验总体回顾

一般而言，试验区是指为探索或实施某一项或某一领域的新政策、新制度而选定的一个地域性区划单位，具体表现为各种形式的综合性试验区、专门性试验区以及特区、新区、开发开放区、示范区、合作区等。[①] 从历次区域创新改革试验情况看，主要涉及开发区、示范区、新区和综合性试验区等类型。当前，区域创新体系建设仍处于不断发展完善的阶段，许多区域创新政策是在特定区域范围内通过政策试验的方式逐步推广。以科技创新、改革发展为核心的试验区充分结合国家区域发展重大战略，以试验区建设推动区域一体化协同发展。

（一）以科技创新为核心的试验

构建区域创新体系是建设创新型国家、实现创新驱动发展战略的重要保证。以科技创新为核心的政策试验是一种局部性探索，强调以国家自主创新示范区、国家高新区和全面创新改革试验区等为载体，建设若干具有强大带动力的创新型城市和区域创新中心，形成若干高水平、有特色优势的产业聚集区，加快构建区域创新增长极。

1. 国家高新区：推动区域创新发展的最初尝试

国家高新区对于推动区域发展和科技创新具有深远影响，也为后

① 周望：《中国“政策试点”研究》，天津人民出版社2013年版，第10～11页。

发国家的技术追赶创造了良好生态环境。截至2016年底，国家共批准设立156个高新区，先后出台60多项与国家高新区创新发展有关的政策文件，各级地方政府也相继出台配套性政策，有力地促进了国家高新区发展壮大。国家高新区集聚了全国40%以上的企业研发投入、企业研发人员和高新技术企业。2016年，国家高新区企业研发经费投入强度（企业研发经费内部支出与园区GDP比例为5.6%）、研发人员密度（每万名从业人员中R&D人员数为708.8人）分别为全国的2.7倍和14.6倍，已经成为区域经济发展的增长极、新兴产业成长的集聚区、资本和智慧的聚合区。

通过创新驱动促进经济发展已成为关键因素，是新时期赋予国家高新区的新使命。然而，从探索国家创新体系建设和高新技术发展路径看，国家高新区未能真正成为原发性创新中心，一些地方的国家高新区出现了不同程度的资源浪费、环境污染、产业同构、过度竞争、创新不足等现实问题，还有个别高新区被异化为“区域符号资本”和“招商金字招牌”。从国家高新区政策绩效评估结论看，政策体系内涵呈现多元化特点，政策设计初衷从有利于高新区内企业发展向营造良好区域创新环境转变，各类政策功能逐渐明晰，政策之间的关联性更加显著，但传统政策优势有所减弱，新旧政策调整面临新的窗口期。

当前，国家高新区发展正迈入“创新驱动、战略提升”的转型阶段。国家高新区应该成为实施创新驱动发展战略的突出典范、深化科技体制改革的先行试验区，重点立足于以下四个定位：创新思想涌现和创新文化形成的主要发源地；创新要素自由流动和高效配置的重要网络节点；具有国际竞争力和影响力的创新型产业集群基地；发展质量改善和区域协同创新的引领示范区。今后较长一个时期，国家高新区要以开放式创新促进全球创新资源配置，以前瞻性思维谋划新兴产业区域布局，以专业化服务改善园区创新创业环境，以治理模式转型提升园区自身发展动力，使之真正成为实施创新驱动发展战略的突出典范、深化科技体制改革的先行试验区。

2. 国家创新型城市：构建区域创新中心的试点探索

作为创新型国家建设的主力，创新型城市通过探索创新发展模式，营造有利于创新的环境，加快创新资源集聚，激发全社会创新活力，进一步强化创新对经济社会发展的支撑作用。截至2016年底，国家创新型城市试点已达61个，其中，深圳于2008年成为全国首个国家创新型试点城市。目前，虽然大多数城市先行编制了创新型城市建设规划，约60%的城市提出建设创新型城市的发展战略，约60%的城市开展了不同类型的创新型城市试点工作，协同创新环境正在努力改善，但我国创新型城市建设仍处于初级阶段，尚未完成从要素驱动向创新驱动的战略质变。

国家创新型城市试点工作由国家发展改革委和科技部共同负责，先后出台《国家发展改革委关于推进国家创新型城市试点工作的通知》(发改高技〔2010〕30号)、《科技部关于进一步推进创新型城市试点工作的指导意见》（国科发体〔2010〕155号）两个政策性文件，进一步明确了创新型城市试点工作的主要任务，强调试点城市主要从自主创新能力强、科技支撑引领作用突出、经济社会可持续发展水平高、区域辐射带动作用显著的城市中选取。到2020年，将在全国范围内推动更多省份和城市进入创新型省市行列，形成一批具有全国乃至全球影响力的区域创新中心、科学技术重要发源地和新兴产业策源地，初步形成协同高效的区域创新体系和创新型经济格局，发展驱动力实现根本转换，对建成创新型国家形成有力支撑。

总体来说，我国城市综合创新水平偏低，与城市经济发达水平呈密切的正相关关系。从区域分布看，东南部沿海城市创新驱动经济发展的程度较高，深圳、上海、广州、厦门、苏州、南京、杭州、宁波这8个东南沿海城市进入前10名。中部和除北京、天津外的环渤海经济发展圈主要城市创新驱动经济发展的程度次之，西部和东北城市创新驱动经济发展的程度较弱。相比国家高新区而言，国家创新型城市试点的实质性政策红利不多，更多是停留在城市发展理念转变上。现有出台的相关政策主要以创建城市方政府为主。要使试点各项工作真正落地，还需要与区域发展战略、产业转型升级相结合，提出符合地区发展实际的政策规划。

3. 国家自主创新示范区：推动创新驱动发展的不断尝试

国家自主创新示范区是以国家高新区为核心载体，在推进自主创新和发展高新技术产业方面先行先试、探索经验、示范带动的区域。它的基本定位是发挥先行先试优势，加强在技术转移、成果转化、股权激励、科技金融等方面政策措施的探索，建设世界一流高科技园区。通过国家自主创新示范区建设，聚集人才，增强自主创新能力，发展新兴产业，强化先行先试，发挥好国家自主创新示范区在创新驱动发展中的示范引领作用。截至2016年底，国家共批准设立17个国家自主创新示范区，其中近三年来共获批了8个，国家自主创新示范区进入快速发展阶段。从已获批的示范区看，苏南、长株潭、珠三角、郑洛新、山东半岛、沈大、福厦泉、合芜蚌9个示范区是以城市群为基本单元的国家自主创新示范区，跨行政区域创新模式日趋完善。

当前，国家自主创新示范区建设仍处于初级阶段，创新主体之间互动性、创新链条内部承接性、产业链与创新链之间衔接性都不够完善，科技创新的体制机制尚未理顺，存在的这些共性问题不容回避。即使是在发展相对较好的示范区，仍然面临不少问题和困难，更不用说一些经济欠发达、发展环境欠佳的西部地区，它们的创新生态环境更为复杂，还未真正形成一个完整的创新生态体系。从实地调研反映的情况看，创新生态体系建设的基本要素目前已经具备，但各类要素之间的资源配置效率较低，有些制度性安排不利于创新生态体系的建设。

总体而言，17 个自主创新示范区都具备一定的创新基础，是在已有国家高新区基础上发展起来的新兴产业核心区，在区域创新体系建设中扮演着重要角色。实施国家创新驱动发展战略以来，中央给予自主创新示范区诸多优惠政策，股权奖励、税收减免等在已有国家高新区政策基础上进一步突破。各类示范区在试点过程中充分遵循创新生态体系的运行规律，着力强化市场在配置创新资源中的决定性作用，同时发挥好政府在推进创新中的引导作用，特别是在科研人员激励、科技项目融资、知识产权保护等方面开展了许多有益尝试，也在构建开放、多元、共生的体制机制方面进行了试点突破并取得良好效果。未来自主创新示范区还会有很大的扩容量，但不能只为抢占一个头衔，而应将核心和着眼点放在创新上，探索新的创新成果，通过创新获得新动能。

（二）以改革发展为核心的试验

在特定区域发展进行各项制度改革与创新，对于进一步推动区域创新驱动发展、明确特殊区域发展定位具有重要意义，但它不局限于科技创新领域。以改革发展为核心的政策试验也是一种局部性探索，强调以国家级新区、国家综合配套改革试验区为平台，积极承担国家重大发展和改革开放战略任务，通过下放管理权限、放活管理体制、实施特殊优惠政策，不断营造“大众创业、万众创新”的良好环境。

1. 国家级新区：聚焦改革先行先试和产城融合发展

国家级新区（以下简称“新区”）承载着服务国家战略、协调区域发展和政策先行先试的重要功能，其发展历程在某种程度上可以说是中国改革开放进程的缩影。它的总体定位可以概括为国家战略中心城市、开放型区域经济引擎、改革发展创新试点、高端产业基地、生态示范园区。自 1992 年国务院批复设立上海浦东新区以来，我国又先后设立了天津滨海新区、重庆两江新区、浙江舟山群岛新区、甘肃兰州新区、广州南沙新区、陕西西咸新区、贵州贵安新区等 18 个国家级新区。特别是 2011 年后，国家级新区呈现不断扩容的态势，新区发展进入全面深化阶段。新区所处的主体城市由直辖市延伸到省会城市、地级市，仅 2015 年国务院就接连批复湘江新区、江北新区、福州新区、滇中新区、哈尔滨新区共 5 个新区，区域分布的战略性体现了国家区域发展从非均衡发展走向协调发展。

目前，新区政策支持仍然存在与战略定位、区域分布等方面不匹配的情况，政策支持同质化程度较高，如果没有其他专项领域的政策试验跟进，很容易出现新城扩张缺乏产业支撑，创新改革难以有效落地。在具体发展实践中，国家级新区必须能够很好地将国家政策与地方实践充分结合，探索出适合自身发展的健康发展战略和创新发展机制。可以说，国家级新区发展的最大优势在于拥有各种政策先行先试的权力，适度放权和政策优惠是新区获得优先发展的前提。相比国家高新区、国家自主创新示范区而言，支持新区发展的政策工具包内涵更广、协调性更强，许多新区不仅拥有各自独特的政策，也有一些与科技创新直接相关的政策。

综合分析上述区域特点，如果一个试验区被赋予多种政策红利，通常这些区域的创新改革进展相对较好。比如，天府新区的特殊待遇，可以视为是成渝综合配套改革试验区的政策延伸；天津滨海新区上升为国家级发展战略的十年中，又相继成为国家自主创新示范区、自由贸易试验区，也被看作是政策性试验区联动发展的典范。2015 年 4 月和 7 月，国家发展改革委等部门相继印发《关于推进国家级新区健康发展的指导意见》和《关于推动国家级新区深化重点领域体制机制创新的通知》，对各个新区创新发展提出了具体要求，进一步明确了新区的发展方向。“十三五”时期，国家级新区将引领经济发展新常态，着力践行发展新理念，努力成为区域经济发展新引擎新示范，打造支撑、引领经济增长的新引擎，体制机制创新试验田，全方位开放格局新高地，城乡区域协调发展的新样板，生态文明建设示范区。

2. 国家综合配套改革试验区：体制机制改革的全面试点

国家综合配套改革试验区是以制度创新为主要动力，以全方位改革试点为主要特征，对全国社会经济发展带来深远影响的试验区。它除了具有经济开发区、经济特区、农村综合改革试验区的内涵，还涉及经济社会方方面面，是一项以全面制度建设方式推进改革的系统工程。综合配套改革试验区的核心在于“综合配套”，其宗旨是要改变多年形成的单纯强调经济增长的发展观，要从经济发展、社会发展、城乡关系、土地开发和环境保护等多个领域推进改革，形成相互配套的管理体制和运行机制。2005 年以来，国务院先后批准设立了 12 个国家综合配套改革试验区，它是我国改革开放后继深圳等第一批经济特区后建立的第二批经济特区，亦称“新特区”。随着全面深化改革的逐步推进，国家发展改革委从 2011 年起原则上不再接受新的综合配套改革试验区申请。

国家选择一些符合条件的地区开展综合配套改革试点，可以把改革和发展有机结合起来，把解决本地实际问题与攻克共性难题结合起来，实现重点突破与整体创新，率先建立起完善的社会主义市场经济体制，为全国其他地区的综合改革产生示范作用。与此同时，还可以把改革风险和试错成本控制在一定区域之内，平稳有序地推进改革进程。从已选择改革试点内容看，这些试验区大致可分为六种类型：（1）开发开放方面，以上海浦东新区、天津滨海新区、深圳市、厦门市、义乌市为代表；（2）城乡统筹方面，以重庆、成都为代表；（3）“两型”社会建设方面，主要有武汉城市圈和长株潭城市群；（4）新型工业化探索方面，主要以沈阳经济区为代表；（5）农业现代化建设方面，以黑龙江省两大平原为代表；（6）资源型经济转型方面，主要以山西省为代表。

总体而言，综合配套改革试验区建设体现了较为鲜明的改革取向。近10年来，这批综合配套改革试验区大胆探索、先行先试，为推进重要领域和关键环节改革探索了路径、积累了经验、储备了政策。但同时也应看到，一些试验区还处于长期等待观望状态，地方政府仍寄希望于中央给予更多优惠政策，缺乏真正改革的魄力和勇气，改革试验还停留在口号规划上。为此，2015年9月，国家发展改革委出台《进一步做好国家综合配套改革试验区工作的意见》（发改经体〔2015〕2011号），强调要建立改革的试错容错机制，最大程度宽容改革失误，保护改革积极性。作为全面深化改革的“前沿阵地”，上海浦东新区等12个国家综合配套改革试验区将从全面落实简政放权、加快完善现代产权制度、深化土地制度改革、率先建立绿色发展评估考核体系、完善政府购买机制五个方面重点推进，确保改革试验取得预期成果。

三、典型地区创新改革试验的制度安排

当前，我国区域创新体系建设方兴未艾，在各地政府的推动下，主导产业明确、主体互动频繁、创新环境优越的区域创新体系不断涌现。许多地方政府依托政策试验区开展改革创新，通过制定各类区域制度性安排，为区域创新体系建设提供政策支撑，不仅提升了地区创新能力，也促进了科技与经济的融合发展。① 通常来讲，这些制度性安排主要包括四个方面：创新要素流动、创新环境营造、科技平台构建、创新协同发展。从全国范围看，长三角、珠三角、环渤海三个地区已经成为我国最有活力的三个经济增长极，这三大区域是我国自主创新的战略高地，也是区域创新体系建设颇具特色的重点区域。一些跨行政区域的制度安排和创新政策最先从这些地区开始出现，成为区域创新改革试验的典型地区。

（一）创新要素流动：自由流动与有效集聚

从目前已经形成的创新型城市和区域创新中心看，政府指令的作用微乎其微，促使创新要素流动和集聚的根本动力来自市场，但这并不意味着政府就能袖手旁观，只是说不能用传统的计划经济思维对创新资源进行主导配置。广东、浙江等省份的经验表明，创新资源先天禀赋不足并非制约区域经济发展的关键障碍，地方政府可以通过努力完善创新环境，持续加大创新资源投入，逐步形成有本地特色的创新要素吸引力。

---

① 黄速建、刘建丽：“当前中国区域创新体系的突出问题”，载《人民论坛·学术前沿》2014年9月上。

创新驱动的关键是创新链、产业链、资金链对接的契合度，而这取决于规制的适应性。劳动力、产业资本等产业要素的流动以成本为导向，对土地的依着性较强，而人才、风投资本等创新要素的流动则以成长性为导向，对环境的依着性较强，尤其是制度环境。① 当前，我国正处于创新要素加速流动的关键时期，经济、社会和科技领域的改革减少了创新要素流动的障碍。在市场需求和利益驱动下，人才、资本和技术等要素更多地流向了长三角、珠三角等经济发达地区。需要指出的是，创新要素富集度和吸引力的区域间差距，在很大程度上体现了地方政府在发展理念、创新环境和创新政策上的差距。发达地区长期以来更重视区域创新环境建设，长期坚持较高的创新投入，探索建立更合理的创新政策体系。经过长期积累，本地创新要素集聚能力逐步提升，基于创新的区域新优势正在形成。

为推动区域内创新要素的自由流动，2003 年以来，苏浙沪两省一市围绕技术创新开展了一系列协调与合作活动，创建“长三角创新体系建设联席会议”制度，出台《长三角科技合作三年行动计划》，形成了政府间长期合作机制。长三角城市群创新合作体系从“对话性合作”迈向“制度性合作”范畴，区域一体化成为各城市发展的共识。在这一制度性框架安排下，长三角城市群之间已逐步构建以企业为主导，政府、高等院所、中介组织、金融机构等密切协作、联动发展的创新网络，有效地促进了知识、信息、技术、资本等各类创新要素资源自由流动，推动跨区域创新体系不断完善，打造长三角地区促进创新要素自由流动的体制环境。

比如，上海强调进一步完善科技管理体制，放宽对创新要素跨境

① 邓江年：“制度创新是集聚创新要素的关键”，载《南方日报》2016 年 1 月 8 日。

流动的限制，突破商事登记、无形资产交易等方面的制度性瓶颈。为加大创新要素的自由流动和交易，更有利于全球科技创新资源的引入，上海提出探索在自贸区范围内设立国家技术交易所，对接既有各类要素市场平台，探索跨市场、跨平台联动的交易机制创新。江苏提出要着力突破鼓励创新的利益导向机制，完善人才分类评价标准，实行科研岗位分类管理考核，让科技人员在企业、高校、科研机构之间流动起来。浙江以打造特色小镇为创新载体，用创新重组各类生产要素，实现各种高端要素充分开放、流动、共享，特别是在人才要素集聚方面，鼓励打破已有束缚人才流动的条条框框，根据产业定位量身定制各类政策，引进各类创新人才。

（二）创新环境营造：力促公平、开放、透明

创新环境的好坏直接关系到干事创业的成败，它不仅包括基础设施改造等硬环境，还包括加强知识产权保护、维护公平竞争秩序等软环境。营造良好的创新环境需要更好地发挥政府作用，通过培育有利于创新的软硬环境，进一步提高创新的成功概率。2015 年 3 月，中共中央、国务院正式出台《关于深化体制机制改革加快实施创新驱动发展战略的若干意见》（以下简称“意见”），强调必须发挥市场竞争激励创新的根本性作用，营造公平、开放、透明的市场环境，从而调动和激发全社会创新的积极性。这是关于创新环境营造方面最为全面系统的阐述，也是典型地区创新改革试点的顶层设计安排。

《意见》从五个方面进行了制度性安排，包括实行严格的知识产权保护制度、打破制约创新的行业垄断和市场分割、改进新技术新产品新商业模式的准入管理、健全产业技术政策和管理制度、形成要素价格倒逼创新机制。为积极营造良好的创新环境，以深圳、北京、上

海为代表的典型地区准确把握新一轮改革的政策取向，注重“依靠”的政策和“面向”的政策、“改革”的政策和“发展”的政策、“普惠性”的政策和“优惠性”的政策有效结合，在市场公平、产权保护、创新激励等方面进行了有益探索，积极营造国际化、市场化、法治化创新环境。比如，“十三五”规划纲要公布不久，深圳就出台了《关于促进科技创新的若干措施》，首先提出创新科技管理机制，建立容错试错机制，优化综合创新生态体系，打造科技体制改革先行区和创新创业生态区。北京积极推动中关村新一轮试点改革，最大程度调动和激发人才的积极性和创造性，加快推动政府职能转变和创新治理现代化，建设国际一流的创新创业生态。

在市场公平方面，许多地区政府都强调建立公平竞争、规范法治的市场环境，进一步改进政府的支持方式，减少对单个企业的点对点直接资助，扩大普惠型政策的受益面。在产权保护方面，深圳从完善产业链配套服务、强化知识产权保护力度、减小知识产权维权难度和门槛、加大知识产权申请补贴力度、设置知识产权运营基金、提供知识产权质押融资补贴等多个方面帮助企业。与此同时，推进行政执法与司法保护的衔接，切实解决知识产权侵权易、维权难问题。在创新激励方面，武汉提出强化普惠性政策支持，建立企业创新发展的保障制度。尊重高等院校、科研机构、国有企事业单位在选人用人、成果处置、收益分配等方面的自主权，保障科研人员更大的技术路线决策权、经费支配权和资源调动权，完善保障和激励创新的分配机制。在成果转化方面，一些地区进一步完善科技人员股权和分红激励办法，让科技人员在科技成果转化过程中得到合理回报。此外，还将科技管理重点转向制定完善规划和政策、优化创新环境、提供创新服务等。

（三）服务平台构建：优化科技创新服务体系

《国务院关于加快科技服务业发展的若干意见》指出，把创新全链条的新兴业态都串联起来，对于实施创新驱动发展战略营造一个很好的服务支撑，这也是构建科技创新服务平台的根本所在。特别是在经济发展进入新常态的背景下，更需要进一步推进创新创业，加快科技服务业发展。2016 年 5 月，中共中央、国务院正式印发《国家创新驱动发展战略纲要》（以下简称“纲要”），专门从增强源头供给和壮大创新主体两个层面对科技服务平台构建进行了制度性安排。一方面，加快建设大型共用实验装置、数据资源、生物资源、知识和专利信息服务等科技基础条件平台。另一方面，重点打造基础性、综合性、公益性的科技服务平台，推动大型科研仪器设备和研发公共服务平台开放共享。

近年来，地方政府高度重视科技服务体系建设，从国家层面上将科技创新平台建设与产学研合作协同推进，同时与区域创新布局相衔接，采取多种手段营造有利于资源共享平台构建的制度环境，不断推进科技创新转移服务体系建设。比如，长三角地区组建成立科技中介战略联盟，联合开展各种科技咨询、科技评估、技术交易、创业孵化、风险投资、科技人才交流、技术经纪人培训等中介服务，共同举办国内外大型科技展览活动，逐步形成了以政府主导型、社团型和技术经纪人等技术服务模式为代表的科技创新转移服务体系。又如，广东省政府印发《推进珠江三角洲地区科技创新一体化行动计划（2014 ~ 2020 年）》，提出以共建共享公共服务平台为突破口，建设珠三角地区科技信息共享平台，探索完善科技资源合作共享机制，推进产学研技术创新联盟建设，鼓励发展各类科技联盟组织，积极搭建对接平台。

从已有公共服务平台类型看，主要包括科技基础条件平台和科技创新创业平台两类。科技基础条件平台是区域创新体系建设的基础性工程，对于优化科技资源配置、促进科技资源开放共享、建设创新型国家具有重要意义。浙江省按照“整合、共享、服务、创新”的基本思路，通过跨单位、跨部门、跨地区的科技资源整合，搭建一批创新资源配置更优、联合创新能力更强、开放服务水平更高的科技基础条件平台，包括大型科学仪器设备协作共用、科技文献共建共享等8个公共科技基础条件平台，新药创制、集成电路设计等33个行业科技创新平台。科技创新创业平台主要侧重为广大中小企业提供技术服务，特别是近年来各类特色鲜明的众创空间迅速发展。为此，国务院专门印发《关于加快构建大众创业万众创新支撑平台的指导意见》，鼓励各类科技园、孵化器、创业基地等加快与互联网融合创新，促进创新成果及时转化，构建开放式创业创新体系。福建省专门出台关于加快高水平科技研发创新平台建设发展6条措施，重点支持各地发展资源集聚、服务专业、特色鲜明的众创空间。比如，支持各国家级高新区建设1家省级以上科技企业孵化器，在全省9个设区市各建设一个创新创业示范中心。

（四）创新协同发展：打造区域协同创新共同体

推进协同创新发展是新时期区域创新改革试验的重要内容，京津冀地区作为我国创新资源最为富集的地方，有条件通过区域协同在创新驱动发展战略中走在全国前列。传统体制下以单个行政区域为边界的创新体系难以适应新的要求，需要在更大空间范围内有效整合创新要素，构建开放协同创新机制和创新网络。“京津冀协同发展”是新时期党中央布新局、谋新篇的重大战略，其关键在于“协同创新”，打造协同创新共同体，构建更大范围的区域创新体系，整合区域创新资源。2015 年 8 月，国家发展改革委、科技部印发《京津冀创新驱动发展指导意见》，京津冀协同创新共同体建设顶层设计已初步完成。从改革试验的制度安排看，始终坚持以科技体制创新为引领，不断完善“一区十六园”发展格局和协同创新的机制设计，通过共建一批创新创业平台，进一步促进跨京津冀创新链、产业链、资金链、政策链深度融合。

近年来，中关村全面深化科技创新体制改革，拓展国务院支持的“1 +6”系列创新政策，协调出台“京校十条”等系列市级创新政策，积极推动落实京津“1 +5”、京冀“6 +1”系列合作框架协议，与天津、河北有关区域开展共建科技成果转化基地、促进科技资源协同共享、共同推进新兴产业发展等方面的协同创新与合作。可以说，中关村国家自主创新示范区在推进京津冀科技园和产业基地对接方面已经取得了新进展，形成了目前的“一区十六园”发展格局。2016 年 8 月，《中关村国家自主创新示范区京津冀协同创新共同体建设行动计划（2016 ~2018 年）》正式出台，提出到 2018 年，在“4 + N”重点区域，初步形成以科技创新园区链为骨干，以多个创新社区为支撑的京津冀协同创新共同体。此外，三地还推动形成跨京津冀科技创新产业链，依托中关村—滨海大数据创新战略联盟，加快打造“中关村数据研发—张北数据存储—天津数据装备制造”等上下游环节贯通的“京津冀大数据走廊”。通过组建京津冀知识产权发展联盟，在促进在京专利津冀转化的同时，提升三地企业的知识产权管理能力。

河北省通过积极对接京津，实施共建科技园区、创新基地、转化基金、技术市场、创新联盟 5 个“共建行动”，吸引京津创新要素向河北省加速集聚。与此同时，京津冀科技部门全方位推动协同创新，探索突破体制机制障碍的新途径，衍生出一批创新模式和样板。比如，北京海淀区与秦皇岛合作构建中关村海淀园秦皇岛分园，双方建立“四四二”利益分配机制；共建清华大学重大科技项目（固安）中试孵化基地，重点打造集“创新研发、项目孵化、技术转移、支撑服务”四位一体的产学研合作平台；将中关村创业孵化、科技金融服务、成果转移转化等方面的理念和做法引入高新区，打造跨区域的创新创业生态系统，形成了可复制、可推广的飞地发展模式；与北京亦庄合作共建北京亦庄·永清高新技术产业开发区，开展跨区域全产业链合作，税收及运营收益按出资比例分享。

四、已有区域创新政策比较及效果评述

当前，我国创新政策在战略和典型政策、政策目标、政策主体、政策特征四个维度都经历了由起步到自主创新，再由自主创新到创新驱动发展战略，其中，“战略和典型政策”维度就包括了围绕特定区域制定的创新政策，比如国家高新区、国家自主创新示范区、全面创新改革试验区等。根据政策生命周期理论及政策生命周期模型，以及我国创新政策实践，我国创新政策演变呈现出其特有的“政策生命”特征。[①] 从区域创新政策视角看，一些重大创新政策试点在特定区域内先行先试，区域创新政策开始由单一的科技政策向一个系统化的创新政策体系转变，更加强调创新的重要性，逐步提升以创新为核心的创新政策组合和战略。

① 孙蕊、吴金希、王少洪：“中国创新政策演变过程及周期性规律”，载《科学学与科学技术管理》2016 年第 3 期。

（一）区域创新政策工具分类及比较

区域创新政策对于促进区域经济发展、知识创造和流动、区域竞争力提升等方面具有重要作用，通常是指地方政府为促进区域内各创新主体和创新要素的创新活动产生营造环境，进一步规范创新主体行为，通过制定并运用各种直接或间接政策措施的总和。区域创新政策是多领域、多层次和多目标的具体要素。从政策领域看，主要涉及财政、税收、金融、人才、产业等方面；从政策层次看，涉及区域、产业、企业等不同层次；从政策目标看，涉及经济增长、知识创造、创新创业等。[①] 如果将区域创新政策限定在技术创新范围，又可将其划分为供给面、环境面与需求面三大类，包括人才培养、资金支持、公共服务、财务金融、税收优惠、政府采购等19种政策工具（张雅娴、苏竣，2001）。不同类型的政策试验区创新工具侧重点有所不同，但主要集中于创新激励和扶持保障两个方面，加强在知识产权保护、科技成果转化、股权激励、科技金融、创新资源集聚等方面的政策探索，以体制机制改革为重点推进区域创新改革试验。

从创新激励层面看，重点针对各类科技人员和经营管理人员进行政策设计。目前，国家高新区、国家自主创新示范区内先行先试的政策主要包括成果处置及收益、股权激励、税收减免、资金扶持、人才流动等。正在积极推进的全面创新改革试验区，将重点聚焦于科技教育体制机制改革，探索激发创造者动力和活力的有效举措。从扶持保障层面看，重点针对各类科技中小企业、科技初创企业和科技中介服务平台进行政策设计。由于科技创新面临许多不确定性，对其风险的

---

① 温兴琦："创新政策还是产业政策：区域创新政策悖论及启示"，载《科技进步与对策》2015年第23期。

认定与分摊、减少创新中间环节的融资成本，也就成为扶持保障类政策工具的核心要义。已有各类区域创新改革试验区的政策主要包括科技金融、政府采购、创新平台建设、中介服务引导、管理体制创新等。除此之外，还有一些专门针对特殊区域实行的创新政策试点，以及不同归口部门自行设立的一些创新型园区试点等。具体政策工具及内容比较见表2-1所示。

表2-1　区域创新政策工具分类及试点内容

政策类型	主要对象	政策工具	主要内容
创新激励	各类科技人员和经营管理人员	成果处置	对科技成果处置价值及处置权的认定，更加突出事业单位的自主权
		股权激励	对股权激励范围和激励方式的确定，降低实施股权激励企业的门槛条件
		税收减免	扩大加计扣除范围，允许股权收益分年度纳税、相关技术转让的税收减免
		人才服务	完善人才在不同体制机构间双向流动，为各类人才配偶、子女提供优质资源
		知识产权	支持知识产权质押融资，探索“三审合一”改革，强化立法保护和技术标准
扶持保障	各类科技中小企业、科研院所、科技中介平台	资金支持	以中央和地方财政专项补助、贷款贴息、引导基金、研发资助等形式加大扶持力度
		科技金融	设立各类风险补偿资金、融资担保资金，以及区域性股权、产权交易市场
		创新平台	设立一批科研基础设施和各类仪器设备共享平台，完善平台的协同作用机制
		中介服务	重点扶持各类科技园、孵化器、众创空间等，完善各类载体的运行服务机制
		政府采购	制定自主创新产品目录，采取首购、订购和示范项目等采购方式，支持产品市场化
		市场准入	降低知识产权、人才、金融支持等政策门槛，减少行政性垄断，打破地方保护

续表

政策类型	主要对象	政策工具	主要内容
创新活力	区域创新环境及各类创新要素	体制创新	在组织机构、职责分工、资源整合、管理方式等方面进行体制机制改革
		成果转化	探索构建市场导向的科技成果转化机制，加大对技术转移的投入保障
		法规管制	通过制定各类技术、环境标准和公平交易法规，规范区域市场秩序
		文化培育	探索跨区域融合的开放合作机制，营造容忍失败、崇尚创新的文化氛围

资料来源：作者整理。

总体而言，通过各种政策工具组合形成创新政策体系，为区域创新氛围营造、引导全社会广泛参与创新提供了重要制度保障。各类政策功能逐渐明晰、政策合力开始凸显，支持对象和方式更加聚焦。在政策试点过程中，更加突出创新激励类政策工具的含金量，有些政策已经开始在全国范围内逐步推广，进一步调动了各类人才的创新潜能。与此同时，各种扶持保障类政策也日趋完善，科技金融有效融合更加深化，各类科技创新服务平台的协同作用逐渐显现。但从区域创新体系层面看，已有区域创新政策仍然缺乏系统性，各类政策之间的衔接性和配套性不够，有的还停留在宏观概念层面，没有真正落地。许多区域还普遍存在重创新政策制定、轻贯彻落实的现象。一些政策没有得到很好的执行，导致预期的政策效果不明显，有的甚至还引发更为严重的创新政策异化问题。

现有宏观层面的区域经济政策较多考虑区域内协调发展和区域间平衡发展，而对激发区域创新潜力、提高区域创新能力的整体导向不足。目前，国家创新政策体系较多地从点（创新主体）和线（产业）上引导创新，国家发展改革委的产业项目、集群项目、企业技术改造项目以及科技部的火炬计划、创新型企业、创新型园区支持项目，都是从点和线上支持产业和企业创新。然而，这种支持产业和企业创新的政策，也没有针对企业成长需求或产业发展不同阶段进行链条设计。出现上述情况的原因，主要是由于一些地区在国家创新体系中的定位不明晰，国家对不同区域的支持政策难以从国家创新战略的整体布局出发进行综合考虑，这也使得在规划在落实过程中，地方政府过分强调产业和经济规模增长而忽视创新生态环境营造。

（二）不同政策试验区创新政策效果评述

当前，以科技创新为核心的政策试验主要集中在国家高新区、国家自主创新示范区和全面创新改革试验区。相比之下，国家创新型城市的政策试验可能更多与区域发展战略、产业转型升级相结合，涉及具体的创新政策试验不够具体。全面创新改革试验目前还处于试点推进阶段，有些创新政策效果还没有完全体现，需要进一步做好跟进评估。这里，结合已有文献综述和课题组前期研究成果，主要对国家高新区和国家自主创新示范区[①]近年来实施的创新政策效果进行总体评述，从而为全面创新改革试验的深入推进提供借鉴参考。

1. 国家高新区创新政策总体评述

从园区宏观层面看，第一，以“高企认定办法”为代表的资格认定政策门槛有所提高，更加注重培育企业资助研发和创新能力建设。第二，以财税政策为代表的直接激励效果较好，但人才激励政策在具

① 截至2016年年底，国家共批准设立17个国家自主创新示范区，其中近三年来共获批了8个，许多创新政策效果尚未完全显现。目前，面向全国可复制、可推广的创新政策主要包括6项中关村先行先试政策。因此，本部分有关区域创新政策的评述主要是针对2015年以前获批的北京中关村、武汉东湖、上海张江、深圳和苏南5个国家自主创新示范区。

体内容和实施区域分化态势明显。第三，以信贷支持和风险投资为代表的科技金融政策方向明确，但在中观层面的针对性和可操作性不强，风险投资政策还面临许多政策壁垒。第四，以各类孵化器、科技园、创业园、生产力促进中心为主要载体的创新创业政策功能明显，但对创新创业者的权益保护政策方面亟待完善，特别是与权益保护相关的服务类政策与其他供给政策的衔接性还不够。第五，体制机制创新各有特色，优质高效、平等竞争的市场创新创业环境不断得到改善，但在高新区综合考核评价方面的相关政策落实还不到位，整顿问责机制尚未真正建立。第六，创新需求侧政策供给偏少，政策组合效益不够明显。现有需求侧政策并没有特别针对国家高新区，而且政策工具比较单一，主要局限于政府采购这一形式，金融、财税、公共服务等政策工具没有被灵活地运用于创新需求侧。

从企业微观层面看，第一，设立高新区有力促进了高新区所在城市企业的生产效率提升。它得益于高新区企业受到更强的创新激励；同样重要的是，高新区作为一类特殊的开发区，通过新生产方式的集中，实现了技术进步和创新的集聚效应和辐射效应。第二，财政补贴能够降低企业的创新成本，在一定程度上鼓励了企业的创新投入和新产品产出，但对提升企业的生产效率并没有产生显著作用。这种创新增长与生产效率提升的脱节，也许从侧面反映出相关产业的技术进步仍然是以在生产中的学习型技术追赶为特征的。第三，信贷支持并没有对高新区企业的生产效率和创新形成明显的推动作用。这可能说明，由于技术创新对所需配套的金融体系有着特殊性要求，相对于“金融扶持”，高新企业发展更加需要的是“金融体系”。第四，集中性的扶持对于相关产业的生产率增长和创新都有积极效果，特别是当高新区的目标产业与区域的要素禀赋结构一致时，产业政策对于企业生产率提升和创新的有益影响更为显著。

2. 国家自主创新示范区创新政策总体评述

以北京中关村、武汉东湖、上海张江、深圳和苏南为代表的国家自主创新示范区，在试点过程中都充分遵循创新生态体系的运行规律，着力强化市场在配置创新资源中的决定性作用，同时发挥好政府在推进创新中的引导作用。各类示范区在具体政策试验过程中，更加突出企业创新主体地位，进一步面向全球整合创新资源，强调发挥创新载体协同作用，积极推动科技金融有效结合，不断探索体制机制创新，尤其是在激励创新主体、整合创新资源、优化创新环境等方面积累了许多有益经验，更好地发挥了示范带头作用，孕育了一大批科技创新型企业，取得了大量的关键技术突破和创新成果，同时也催生了一批具有较强国际竞争力、市场占有率高的高新技术企业，成为提升我国自主创新能力的力量源泉。

但同时也必须看到，包括国家自主创新示范区在内的区域创新政策普遍缺少特色和针对性。一方面，区域创新体系建设中面临一些共性问题，创新主体之间互动性、创新链条内部承接性、产业链与创新链之间衔接性不够完善。通过区域性平台形成创新合力、共同应对行业技术问题的良好氛围和文化远未形成。据科技部统计，当前，大约有85%的科技支撑计划、60%的国家高技术研究发展计划都是由企业承担的，企业和科研院所两股创新力量在特定区域内仍然是割裂的，难以在公共创新平台上进行有效合作，区域实体性创新平台匮乏。另一方面，涉及创新激励、区域协同方面的政策还缺乏具体的配套细则，政策落地“最后一公里”在国家自主创新示范区内也面临梗阻。一些制度性安排不利于区域创新体系建设，主要表现在：企业创新存在多种障碍，主体地位不够突出；研发活动与市场脱节；技术、人才、资金等创新要素的保障机制不健全。此外，后续批准设立的国家自主创新示范区创新政策仅是把先进地区的创新政策简单的移植，特别是一些跨行政区域的示范区创新政策仍是各自为政，缺乏统筹协调机制。

执笔人：龙海波　刘四方

第三章

新时期区域创新改革试验的基本逻辑与实践

政策试验是国家治理的基本环节与常态工具，主要包括“立法试验”“试验区”和“试点”三种基本类型，它们在各自试验中发挥了积极作用。随着政策试验的逐步扩散，主要形成了自上而下、“吸纳—辐射”和自主扩散三种政策推广模式。当前，以全面创新改革试验为代表的新时期区域创新改革试验已经全面展开，通过选择一批创新资源集中、创新生态良好、转型走在前列、短期可望突破的重点区域，继续发挥好现有各类改革试验的作用，又与国家级新区、国家自主创新示范区、国家高新区等试验区形成有机衔接，着力从处理好政府与市场关系、促进科技与经济融合、激发创新者动力和活力、深化开放创新四个方面深化创新驱动发展，扎实推进区域协同发展，推进供给侧结构性改革，从而为全国其他地区的创新改革试验提供有益借鉴。

一、政策试验的理论框架与扩散模式

在所有政治体制中，出于对现行政策成本与风险考量，国家会对现行政策进行调整，从而形成新的政策形态。从广义上讲，这种政策制定的循环过程就是政策试验[①]。然而，政策试验更多的是一种自发自然的过程，没有凸显自身所具有的主动性、探索性、目标性等特征。基于此，有些学者从狭义上将政策试验界定为各试验单位进行不同尝试，找出完成任务的办法或克服新出现挑战的目标明确、协调一致的行动。刘伟（2015）认为，政策试点是指在一定时期内由上级政府在特定的范围内所进行的具有探索与试验性质的改革[②]。周望（2013）认为，狭义的“政策试点”可以理解为“政策测试”，是指党政机关为验证政策方案的正确性、可行性，并取得实施这些方案的具体化细则，而在一定范围内进行的一种局部性的决策施行活动。广义的“政策试点”则包括“政策生成”和“政策测试”两方面。“政策生成”是指中央为寻求新的制度或政策工具进行的分权式试验，以及地方自行发起的政策试点活动及相应实践[③]。

由此可见，作为一种中国式的国家治理技艺，政策试验成为国家治理的基本环节与常态工具。改革开放以来，这种以“试点—推动”为基础的政策试验模式在各个领域得到广泛运用，如改革开放被人们形象地称之为“摸着石头过河”。中国的改革实践几乎是“凡改必试”，中国政策现实中所广泛存在的“先行先试”“典型示范”“以点促面”“点面结合”“逐步推广”等特有词汇和术语也是根源于此。政策试验以其特定的功能和鲜明的特质，成为中国改革事业策略体系中不可或缺的组成部分。

---

① 韩博天、石磊：“中国经济腾飞中的分级制政策试验”，载《开放时代》2008 年第 5 期。

② 刘伟：“政策试点：发生机制与内在逻辑——基于我国公共部门绩效管理政策的案例研究”，载《中国行政管理》2015 年第 5 期。

③ 周望：《中国“政策试点”研究》，天津人民出版社 2013 年版。

（一）政策试验的基本类型

从政策试验所呈现的形式维度划分，韩博天（2008）认为，政策试验主要包括试验性法规（为政策试行而制定的暂行法规）、“试点”（特定政策领域内的示范和试点项目）、“试验区”（被赋予充分自主权的地方行政区）三种类型[①]。而周望（2013）在其后期的研究当中将政策试验的具体类型划分为包括各种形式的试点项目和试验区两大类，试点项目侧重于时间维度，是指在一定时间段内所进行的一种局部性政策探索及实施活动；而试验区侧重于空间维度，指为探索或实施某一项或某一领域的新政策、新制度而选定一个地域性区划单位。

从政策试验的发起方与主动程度维度来划分，宁骚（2014）认为，在中国改革决策实践中形成了三种类型的政策试验：一是决策者明确控制，精心选点、布点和组织试验，初见成效后部署梯度推进，大见成效后再做全面推广的政策试验，也就是常见的试点—推广类型；二是决策者暂时不作为或模糊决策，使局部范围某些突破现行规制的新生事物获得生长空间，待新生事物获得成效并被人民群众认可时，决策者给予肯定和支持，总结经验，制定总体性政策并推广的政策试验；三是地方层级的政治领导人从自己对高层决策者的政策理论或构想的理解出发，在未获上级正式批准的情况下，在自己管辖的范围内进行的政策试验[②]。

根据政策试验在政策过程中所包含阶段的不同，本研究认为，将中国的政策试验分为“立法试验”“试验区”和“试点”三种基本类型是比较合理的。“立法试验”是针对一项已经制定的政策，为了测

---

① Heilmann, S. 2008. Policy Experimentation in China's Economic Rise. Studies in Comparative International Development, 43 (1)。

② 宁骚：“政策试验的制度因素——中西比较的视角”，载《新视野》2014 年第 2 期。

试其有效性，获得其具体实施方案而试行的“准法律”。“试验区”是针对一项还未制定的新政策，为了创制出该政策而选定的一个地域性区划单位。“试点”是充分考虑“立法试验”和“试验区”二者的特性，既要在该区域内对某些政策进行探索创新，又要对另一些政策加以测试和改进。相对前两者而言，“试点”具有更大的“政策试验权限”。在以上三种基本的政策试验类型中，“试点”无疑是我国在政策试验实践中运用得最为广泛的一种，中国政策过程中，作为惯例而存在的“先行先试→典型示范→以点促面→逐步推广”这一经典模式主要就是针对“试点”而言的，它已经基本成为了中国绝大多数的新政策在得到正式实施之前所必须要经历的固定程序。

（二）政策试验框架的要点

1. 实现“要素整合”的方法论工具

政策试验之所以能够长期存在于中国政策过程中，是由于中国的经济社会转型在制度探索方面选择了一种“要素整合”模式，而政策试验就是实现“要素整合”的基础性方法论工具。中国以实践基础上的制度创新为改革开放事业提供了时代性、规律性、创造性的理论指导。对于如何推动中国的经济社会转型，决策层本着对人民、国家和历史高度负责的态度，在综合考虑各方因素后，慎重选择一条温和型的经济和政治体制改革道路，强调在实践中摸索，逐渐进步而不是一步到位。虽然中国的经济社会转型历程没有采用“一揽子”方案，但也并非简单意义上的仅仅是一味重视实践经验而不看重理论指导。实际上，中国的各种改革也是在一定规则的指导下启动并进行的，只是它并不是某一具体的理论或学说，而是在实事求是思想的指导下，本着“实践是检验真理的唯一标准”和“摸着石头过河”的原则来不断地对各种要素进行有效整合，致力于将传统经验与现代方法、外来方案与本土实践、理论设计与实际探索中可以为我所用的积极成分有机地结合起来。“要素整合”是中国的体制转型在制度探索方面的根本性特征。

政策试验就是实现“要素整合”的基础性方法论工具，致力于实现“要素整合”的过程主要就是不断进行政策试验和探索的过程。这是对政策试验的基本定位。政策试验不仅仅是一种具体的改革方式和手段，它更是中国制度转型中所运用的一种“大方法论”。通过多样化的试验类型和方法，既可以对各种新旧、内外制度要素进行具体的实践性操作，观察这些制度要素在现实中运行的效果，以决定其是否能够为我所用以及如何有效地使用，也可以在局部地区和领域内，就某些特定的改革议题先行开展改革探索和制度创新，挖掘其他新的制度要素。

2. 试验领域主要取决于体制的“兼容能力”

所谓体制的“兼容能力”，是指在坚持根本制度这一基本面不变的前提下，整个体制同时容纳不同制度性要素且使之可以并行运转的能力。“兼容能力”的存在使得在体制内部运行、培养与已有政策相异甚至完全抵触的新制度、新政策成为了可能。体制所能够“兼容”的要素就是政策试验可以进行的领域。在这些特定领域内，政策试验被允许进行不同于现行体制的全新探索和创新。通过观察体制的“兼容能力”随时间演变及其受政治系统影响的情况，还可以进一步揭示出政策试验能否进行及范围演变的深层次机理。在不同时期“兼容能力”所可以兼容的要素发生变化，会影响政策试验领域及其边界的变化，这可以用来解释和分析政策试验领域的历时性发展过程。而中央与地方之间对于体制“兼容能力”的内涵及其属性认知的不一致性，带来了两者对某一试验项目态度时而一致、时而相异的结果。

3. 试验类型主要取决于体制的“整合能力”

所谓体制的“整合能力”，是指对存在着的各种制度性要素进行鉴别和选择的认知能力，以及将选择来的相关要素进行系统分析和总结，并且把它们进行重新加工和组合的能力。体制的“整合能力”不但是政策试验能够发挥效力的关键，同时它还进一步影响到试验的类型和方式。现实中的政策试验虽然数量众多，但目前已基本稳定在立法试验、试验区、试点这三种类型上。这些试验类型是改革开放以来经过实践的长期检验以及试验主体的反复调整后得以保留下来的。在这之下还存在一些具体的试验方式，并且这些办法也在不断地进行相应的调整和变化。造成上述状况及变化的主要原因有三点：其一，为了能够一直对各种类型的政策试验保持有效的整合，试验的设计者对试验的具体类型和方式进行了精心安排和选择；其二，试验的执行者为了使试验结果能够被接纳进入到政策议程中，对试验的方式进行不懈探索的结果；其三，对试验类型和方式的调整和变化当然也有着出于优化试验本身的考虑，但更重要的影响因素还在于能够保持和提升体制对它们的整合能力。

4. 深化“要素整合”要从三个层面系统推进

未来一段时期内，改革“要素整合”所发生的新变化，会使得体制的“兼容能力”与“整合能力”的具体内容发生改变，相应的政策试验也需要做出一定调整。这具体表现为越来越强调总体设计、间接指导与自发探索之间的相互补充和配合，从宏观、中观、微观这三个层面系统推进。

（三）政策试验的扩散类型

目前，国外学者大致提出政策扩散的四种主要类型，即全国互动模型（National Interaction Model）、区域扩散模型（Regional Diffusion Model）、领导—跟进模型（Leader - Laggard Model）、垂直影响模型（Vertical Influence Model）。①全国互动模型。假设存在一个全国性的沟通网络，不同地区的州政府官员可以互相交流，已采纳某项政策的州政府官员与未采纳该项政策的州政府官员的每一次沟通都会增加未采纳该项政策的州政府官员采纳该项政策的概率。②区域扩散模型。假设各州主要受到地理上的相邻州政府的影响，可分为邻州模型和固定地区模型，前者假定各州主要受那些邻州政府的影响；后者假定国家分成若干个地区，各州政府倾向于与同一地区的州政府开展政策竞争[①]。③领导—跟进模型。假设某些州在一项政策采纳方面是领导者，其他州争相效仿这些领导者，加以跟进[②]。这种模式假设各州之间通过相互的学习进行效仿，而不是迫于压力而展开竞争。④垂直影响模型。把各州看成不是效法其他州的政策，而是效法全国性政府的政策。这种模式与领导—跟进模型的区别在于：虽然全国性政府也可能成为领导者，但是各州政府受全国性政府的影响不止于学习，还可能是因为全国政府的命令[③]。

以上四种扩散模型主要基于美国本土的实践分析，随着这一领域研究的不断深入，一些基于其他国家和地区的实证研究逐渐增多，也进一步强化了这一理论的实践解释力。与此同时，我国在具体改革实践中也形成了自己的政策扩散模式。从时间上看，公共政策扩散发展过程呈现“S”形曲线特征。随着时间的推移，政策扩散过程往往会

---

① Berry, F. S. 1994. Sizing Up State Policy Innovation Research. Policy Studies Journal, 22 (3).

② Walker, J. L. 1969. The Diffusion of Innovations among the American States. The American Political Science Review, 63 (3).

③ 朱亚鹏：“政策创新与政策扩散研究述评”，载《武汉大学学报（哲学社会科学版）》2010年第4期。

依次经历扩散缓慢期、快速扩散期、扩散平稳期三个基本阶段。从空间上看，中国公共政策扩散呈现出四种地理扩散效应，即近邻效应、等级效应、轴向效应、集聚效应等[①]。就此而言，中国公共政策在时间维度和空间维度上无异于一般公共政策扩散的时空扩散方式。

王浦劬、赖先进（2013）等认为，分析和概括中国公共政策扩散模式，应该在把握时空维度的基础上，结合中国公共政策的特定行动主体来进行研究。由此出发归纳出以下四种模式：①自上而下的层级扩散模式，是指在政府科层组织体系内部，上级政府在选择某项政策后，以行政指令要求下级政府同样采纳和实施该项政策；②自下而上的吸纳辐射扩散模式，主要是许多省级政府在多方面公共政策制定和实施中具有自主权的情况下，在自身管辖范围内大胆进行政策创新，受到中央重视后再向全国推广所形成的一种政策扩散模式；③同一层级的区域或部门间政策扩散模式，主要体现在三个方面，即邻近区域（城市）的公共政策扩散、部门间的公共政策扩散和跨区域间的公共政策扩散；④不同发展水平区域间政策跟进扩散模式，主要是由于改革开放后我国在经济发展上采取非均衡发展战略，东部发达地区在政策方面处于领先地位，中西部地区将其作为经济发展和公共政策学习的跟进对象而形成的一种政策扩散模式[②]。

综上所述，国内外学者关于政策扩散模式的分类各有优劣。国外的分类简洁明了，但是不能“拿来主义”用以分析中国的政策扩散模式。国内学者的分类具体全面，但是显得过于冗杂，似乎也没有参考

---

① 王家庭、季凯文：“国家综合配套改革试验区制度创新空间扩散研究”，载《城市》2007年第9期。

② 王浦劬、赖先进：“中国公共政策扩散的模式与机制分析”，载《北京大学学报（哲学社会科学版）》2013年第6期。

西方具有代表性的四种政策扩散模式。基于中央政府在政策扩散中的参与程度逐渐减弱的顺序，本研究将中国目前的政策扩散模式分为三类，即自上而下政策扩散模式、“吸纳—辐射”政策扩散模式和自主扩散模式，这一分类不同于已有的研究基于时间、空间和行动主体，更加符合区域创新政策扩散的现实情况，然而，这也只是对我国政策扩散模式的一个简单分类。政策试验成果的实际推广过程极其复杂，并非是单纯的“水平扩散”或“垂直扩散”，而是呈现为多层级互动的立体化网络。整个政策扩散过程并未完全遵循线性的发展轨迹，在其间还存在着复杂的往复循环和互动①。

表 3－1　区域创新政策扩散模式

<table>
<tr><td colspan="3" rowspan="2">政策扩散模式</td><td colspan="3">中央政府参与程度由强到弱的政策扩散模式</td></tr>
<tr><td>自上而下政策扩散模式</td><td>“吸纳—辐射”政策扩散模式</td><td>地方政府自主扩散模式</td></tr>
<tr><td rowspan="4">国外</td><td colspan="2">全国互动模型</td><td></td><td></td><td></td></tr>
<tr><td colspan="2">区域扩散模型</td><td></td><td></td><td>○</td></tr>
<tr><td colspan="2">领导—跟进模型</td><td></td><td></td><td>△</td></tr>
<tr><td colspan="2">垂直影响模型</td><td>√</td><td></td><td>△</td></tr>
<tr><td rowspan="6">国内</td><td colspan="2">自上而下的层级扩散模式</td><td>√</td><td></td><td></td></tr>
<tr><td colspan="2">自下而上的吸纳—辐射扩散模式</td><td></td><td>□</td><td></td></tr>
<tr><td rowspan="3">同一层级的区域或部门间政策扩散模式</td><td>邻近区域（城市）间公共政策扩散</td><td></td><td></td><td>○</td></tr>
<tr><td>部门间公共政策扩散</td><td></td><td></td><td>○</td></tr>
<tr><td>跨区域间公共政策扩散</td><td></td><td>□</td><td></td></tr>
<tr><td colspan="2">不同发展水平区域间政策跟进扩散模式</td><td></td><td></td><td>△</td></tr>
</table>

资料来源：作者自制。

① 周望：“政策扩散理论与中国‘政策试验’研究：启示与调适”，载《四川行政学院学报》2012 年第 4 期。

自上而下政策扩散模式。指的是中央政府在政策的制定和执行中具有完全决定权的情况下，以行政指令或者红头文件的方式，强制要求地方政府执行其选择和采纳的政策，地方政府在现有体制下缺乏政策创新所需的主观能动性。这种分类很好地说明了国外的来自全国性政府命令的垂直影响模型和国内的自上而下的层级扩散模式。

“吸纳—辐射”政策扩散模式。它是在不断的改革实践中逐渐摸索探究，从而形成的独具中国特色的政策扩散模式。在“政策试验”中，政府间纵向关系是影响试验成果扩散过程的一个基础性因素，整个扩散过程中的多个方面都要受到政府间纵向关系的结构性约束和动态影响。具体说来，“吸纳—辐射”式的政策扩散过程具体可分为如下两个阶段：第一个阶段是上级政府对下级政府政策试验成果的“吸纳”，形成于下级政府局部性试验中的政策方案在被应用到更大范围之前，必须被上级政府所“吸纳”，并进行相应的整合和调适，才能获得进一步扩散的“许可”；第二个阶段是将吸纳并经重新整合后的政策方案进行“辐射”式的推广。

对于来自局部试验的新的政策选项，通常不会一蹴而就地全面铺开，而是采用“辐射”式的方法来推行，从上自下地对旧有政策进行逐步替换和更新，尤其是上级政府能够在扩散过程中一直密切关注新政策实行的实际效果，进而反复地吸纳和整合产生于政策推广过程中的经验得失，对原有方案进行不断修正和调整，评估政策实施的效果以适时调节扩散的速度和广度，甚至还可以中止推广过程。这种分类很好地包含了国内的自下而上的吸纳扩散模式。虽然中国具有中央统一权力的政府体制，但是，中央统一权力体制并不意味着地方政府在公共政策活动中完全没有积极性、创新性和能动性空间，随着转变政府职能方式步伐的加快，政府简政放权力度的加大，地方政府作为中国公共政策扩散的行动主体在中国政府公共政策创新和探索中具有较大的政策空间。

地方政府自主扩散模式。指地方政府在政策制定和执行过程中具有自主权的情况下，政策在地方政府之间自发扩散的公共政策扩散模式。地方政府自主扩散模式进一步可以分为邻近区域（城市）间和“领导—跟进”两种政策扩散模式。邻近区域（城市）间的政策扩散模式是指地方政府之间由于地理位置相邻而相互学习或相互竞争从而形成的政策扩散模式。这种政策扩散可能还会在空间上形成政策聚集效应，同一片区域都采用相同的政策，它很好地解释了国外的区域扩散模型和国内的在同一层级的区域或部门间扩散模式下的邻近区域（城市）间的公共政策扩散，而部门之间的公共政策扩散，只是将邻近的不同地区变为不同部门而已。“领导—跟进”政策扩散模式是指某些地区在政策创新方面处于领先地位，其他地区会根据这些地区的政策创新绩效进行跟随效仿。它很好地概括了国外的领导跟进模型、垂直领导模型，以及国内的在同一层级的区域或部门间扩散模式下的不同发展水平区域间政策跟进扩散模式。

（四）政策试验的扩散机制

当前，政策扩散的研究已探索了相当丰富的扩散机制。艾林、施潘和沃尔登（Graham et al.，2008）等人研究统计出 104 种扩散机制。海涅（Heinze，2011）在已有分类的基础上，依据政策选择的理性、政策活动者的信仰的改变及决策结构条件的改变，将扩散机制分为四个基本类别：效仿、社会化、学习、外部性①。结合中国政策扩散的实际运行状况，部分中国学者认为根据中国政府公共政策行动者的实

① Heinze & Torben. 2011. Mechanism—Based Thinking on Policy Diffusion. A Review of Current Approaches in Political Science. KFG Working Paper Series。

践及其特点，政策扩散的机制可以分为以下五种类型，即模仿机制、学习机制、竞争机制、强制机制和公共压力机制。

模仿机制。类似于技术创新的追赶现象，由于已采纳政策的地区与未采纳该政策的地区在政治、经济、文化等方面具有较大的相似性，未采纳该政策的地方政府为了增强公众、政策对象、上级组织对政策的认同，降低政策制定和执行成本，复制其他政府已采纳的政策。这种政策扩散机制只关注政策的行动、表象以及行动者，而非政策的本质。在效仿模式中，决策者选择某种政策是因为这种政策效果的声望而非决策者信念的改变，这一具有声望的政策效果促使决策者的复制行为。我国在新中国成立初期对苏联模式的模仿，改革开放时期不同地区、部门之间对同类公共政策的模仿，以及在宏观经济与社会调控领域出现的政策模仿活动，都属于此种政策扩散机制的范畴。

学习机制。决策者通过观察已有政策执行过程和政策结果，选择性学习成功的政策经验，用以解决当前存在的现实问题。促成学习机制发生的原因除了以上模仿机制的发生机理之外，从我国政治运行过程来看，树立政策实践的榜样和典型，通过党主导的典型宣传和教育，倡导向先进地区和部门学习，是治国理政的有效方式和手段。这种政策扩散机制关注的是政策本身，即政策是如何被采纳的，是否有效，后果如何？在广泛的改革开放实践中，为了解决经济社会发展过程中存在的公共问题，党中央和地方政府就经常开展如组织参观考察、调研活动等政策学习活动。

竞争机制。由于居民“用脚投票”的行为模式会使地方政府在提供公共物品和服务、基础设施等方面存在激烈竞争，于是地方政府在政策选择方面倾向于“相互看齐”。另外，中国目前存在的

"锦标赛式的地方政府领导干部晋升机制"也使公众政策扩散过程中的竞争愈演愈烈，比如一直以来的"京沪之争""成渝之争""深穗之争"等。

强制机制。由于外部行为主体施加了某种武力、威胁或激励等强制措施迫使地方政府不得不采取某项政策。结合中国国情，这种强制机制则更多地表现为一种行政指令的方式，上级政府及部门通过"红头文件"或者直接介入的方式，推动公共政策的扩散过程。但是，随着地方政府分权化改革的深入、政府职能转变进程的加快，中央政府将进一步放松管理权限，相反，地方政府在政策扩散过程中的选择权限也将大幅扩展。

公共压力机制。在当前的信息时代和互联网时代下，随着专家、传媒、利益相关群体和广大民众发挥的影响力越来越大，政府在公共政策议程设置中的主导作用减弱，与此同时"公众议程"开始出现，并对公共政策的扩散过程产生作用。这种机制在我国地方政府应对群体性突发事件、食品药品安全管理等相对复杂的公共事务中表现得尤为突出。

随着实证研究的出现以及理论研究的不断深入，相关领域的研究者们发现，我国公共政策的这五种扩散机制各有所长，因而实施的效果也有所差异。学习机制有利于节约政策创新成本，而过度地依赖学习机制则容易造成缺乏政策创新；适当的政策竞争，有利于激励政策制定者通过政策学习和政策变革，强化政策扩散的作用，但是过度的政策竞争则有可能带来政策公共资源的过度损耗；适当的政策模仿，有利于克服公众对政策变革的风险担忧，但是过度的政策模仿甚至照搬某地区或部门的政策，往往会导致政策脱离地区实际，最终走向失败；强制机制能够迅速推动政策的广泛开展，但是却难以真正调动地方政府积极性；而公共压力机制虽然使各类政策行动者广泛参与，但极有可能造成效率低、协调成本高的问题。随着我国政府行政管理体制改革的深化，中央政府积极深入推进向地方政府分权化改革，我国地方政府在政策制定中获得了越来越大的自主空间。因此，在我国当前的政府公共政策实践中，强制机制推动政策扩散的作用和功能逐渐减弱，学习和竞争机制的作用在不断增强。与此同时，随着我国政府与市场、社会良性互动关系的进一步加强，以及互联网信息化的迅速崛起和普及，公共压力机制在各种政策扩散模式中也发挥了重要作用。

二、全面创新改革试验的基本逻辑

系统推进全面创新改革试验，是新时期党中央、国务院做出的重大决策部署，其核心任务是在不同区域板块围绕破除阻碍创新驱动发展的瓶颈制约，结合区域创新特点开展为期三年的创新改革试验，力争在市场公平竞争、知识产权、科技成果转化、金融创新、人才培养和激励、开放创新、科技管理体制等方面取得一批重大改革突破，为建设创新型国家提供强有力支撑，同时推进这些试验区域率先实现转型发展。由此可见，全面创新改革试验侧重于科技创新层面改革，设置全面创新改革试验区，全面是要求，创新是核心，改革是动力，试验是手段，发展是目的，使全面创新改革试验区成为“我国经济社会发展的新引擎”。

（一）全面创新改革试验的背景及特点

当前，我国经济已经进入世界中等偏上发展水平国家行列，但与过去30多年经济发展相比，要素的比较优势发生了明显变化，中国未来的经济增长将从投资驱动、要素驱动迈向创新驱动，将更多地依靠人力资本和技术进步。党的十八大做出实施创新驱动发展战略的重大部署，强调科技创新是提高社会生产力和综合国力的战略支撑，必须摆在国家发展全局的核心位置。正如习近平总书记2014年6月在两院院士大会上讲话中所强调的那样："老路走不通，新路在哪里？就在科技创新上，就在加快从要素驱动、投资规模驱动发展为主向以创新驱动发展为主的转变上。"

因此，面对科技创新发展新趋势，我们必须迎头赶上、奋起直追、力争超越，要充分发挥一些区域在改革创新方面的示范带头作用，先取得经验再进行推广，才能确保取得改革创新的胜利。2014年8月，习近平总书记在中央财经领导小组第七次会议上明确指出，要遵循创新区域高度集聚的规律，选择一些区域系统推进全面创新改革试验，形成几个具有创新示范和带动作用的区域性创新平台。2015年9月，中央办公厅、国务院办公厅联合印发《关于在部分区域系统推进全面创新改革试验的总体方案》（中办发〔2015〕48号），明确在一些区域先行先试，加大区域创新驱动发展力度，加快经济转型升级步伐，进一步激发全社会的创新创业活力，实现我国创新驱动发展转型的战略目标。

《关于在部分区域系统推进全面创新改革试验的总体方案》（以下简称"总体方案"）提出，以实现创新驱动发展转型为目标，以推动科技创新为核心，以破除体制机制障碍为主攻方向，引领、示范和带动全国加快实现创新驱动发展，形成经济社会可持续发展新动力。通过全面创新改革试验，既能使得试验区在一些重要领域和关键环节上，取得重要改革突破成果，并在全国推广；也能让试验区域率先实现创新驱动发展转型，发挥示范带领作用。从而进一步促进生产力发展，加快形成我国经济社会发展的新引擎，为建设创新型国家提供强有力支撑。

与以往全国设立的生态经济、两型社会、统筹城乡等多样化的综合配套改革不同，此次创新改革试验区范围虽然较大，但是主题相对单一，就是以体制机制改革激发创新活力，推动创新成果的不断涌现，提高科技创新在试验区经济增长中的贡献率。与此同时，这也意味着要在一些地区同时广泛试验，来检验共同的创新驱动发展规律性，提供可复制、可推广的一致性经验，服务于全国全面创新改革大业。具体来看，此次改革试验具有以下特点。

一是系统部署、分区推进。《总体方案》提出，结合东部、中部、西部和东北等区域发展重点，围绕推动京津冀协同发展、加快长三角核心区域率先创新转型、深化粤港澳创新合作、促进产业承东启西转移和调整、加速军民深度融合发展、推进新型工业化进程，选择 1 个跨省级行政区域（京津冀）、4 个省级行政区域（上海、广东、安徽、四川）和 3 个省级行政区域的核心区（武汉、西安、沈阳）进行系统部署、先行先试。这种“系统部署、分区推进”的办法，不同于过去试点那样逐步推出，而是选择具有代表性的不同区域，分不同板块同时推出、统筹推进，既可以防止地方的无序竞争，也有利于国家统筹形成若干具有示范、带动作用的区域性改革创新平台，及时复制推广一批改革举措和重大政策。而被列入的创新改革试验区也面临着新的重大发展机遇。比如，很多具有“高含金量”的政策可以先行先试，率先取得极为难得的“先发效应”；过去不敢逾越、难以突破的某些发展禁区可以大胆试错纠错，率先取得空间上的“拓展效应”；自身独特优势也可以得到充分发挥，率先在相关领域形成改革创新的“突破效应”。

二是分层试验、示范推广。《总体方案》指出，力争通过 3 年努力，改革试验区域基本构建推进全面创新改革的长效机制，每年向全国范围复制推广一批改革举措和重大政策，形成若干具有示范、带动作用的区域性改革创新平台，引领、示范和带动全国加快实现创新驱动发展。这种分层次试验的办法，有利于推广各个层次地区的成功经验。从跨省级行政区域层面，选择京津冀是跨省区的大尺度，主要解决省际间的要素流动问题。这一区域各种要素流动面临障碍最多、困难最大，而且城乡之间、地区之间的差异也比较明显。如何促进整个大区域创新合作，形成区域协同创新网络，从而为全国提供可复制的经验和模式。从省级行政区域层面，选择上海、广东、安徽、四川 4 个区域，主要是针对省域内存在城市间的政策和市场壁垒。要打破这些事实上存在的森严壁垒，就需要发挥省级层面的统筹协调作用。以安徽省为例，将合芜蚌作为重点试验区域，通过省级统筹推进，有利于激发全省创新活力和创造潜能。从市级行政区域层面，选择武汉、西安、沈阳等省会城市，更好发挥核心城市的示范带动作用，有利于打造区域创新的引擎，形成带动区域转型发展、创新发展的“核动力”。

三是强化责任、攻坚破垒。改革是最大动力，创新是最大红利。党的十八届三中全会以来，全面深化改革在许多重要领域和关键环节上取得了决定性成果，全面深化改革的态势已经形成，共识不断凝聚、效果正在显现。《总体方案》提出改革试验的主要任务是：探索发挥市场和政府作用的有效机制；探索促进科技与经济深度融合的有效途径；探索激发创新者动力和活力的有效举措；探索深化开放创新的有效模式。要完成这些改革试验任务，必须坚持问题导向、紧扣发展，系统设计、统筹布局，全面创新、重点突破，强化激励、人才为先。《总体方案》专门提到，要支持和允许改革试验过程中试错、容错和纠错，这也为改革探索提供了有力保障。因此，试验区域既要有领受改革创新任务的责任意识，更要有大胆突破、敢试敢闯的勇气，确保改革试验取得实效，逐步构建推进全面创新改革的长效机制，使之在市场公平竞争、知识产权、科技成果转化、金融创新、人才培养和激励、开放创新、科技管理体制等方面取得重大突破。

（二）全面创新改革试验的主要阶段

按照《总体方案》的部署，全面创新改革试验原则上规划 3 年，每项改革试验任务在 1 年内形成可推广、可复制经验。这一方案由于时间安排紧迫，在很短时期内实现全部改革举措的推广存在一定困难，试点区域必须尽快拿出具体举措，才能使政策真正落地。全面创新改革试验大致分为以下三个阶段。

第一阶段（至 2015 年 12 月）：8 个试点地区结合本地实际，拿出具体的改革试验试点方案，国家发展改革委、科技部会同有关部门建立部际协调机制，对试点政策进行深入研究，明确阶段任务和目标，条件成熟后报国务院批复。截至 2015 年年底，各地先后开展了改革试验编制，但各地改革进展不一，尤其是跨省、市行政区域的地区进展相对缓慢。在这一阶段中，参与试点的六省三市均完成了改革试验方案的调研、制定和报批工作。以四川省为例，自 2015 年 6 月起，四川省就组织专项调研，编制起草系统推进全面创新改革试验方案。2015 年 10 月，四川省成立全面创新改革试验工作领导小组，负责全面创新改革试验工作的总体设计、统筹协调。2015 年 11 月，将《四川省系统推进全面创新改革试验方案》正式上报国务院。

第二阶段（2016 年）：全面推进、落实试验区域的改革部署，开展阶段总结评估，对成熟的改革举措及时向全国推广。主要抓好四个方面工作：一是合理确定各区域的功能定位、重点任务和责任部门，完成全部区域的改革试验方案报批工作；二是建立完善工作推进机制，制定 3 年细化方案和责任分工，确定各年度的重点任务和目标；三是建立督察机制，通过第三方评估、自评估和专项评估，对 8 个试验区开展全面、系统检查和评估；四是加强改革试验成果的梳理分析和总结凝练，初步形成了一批可复制推广的改革经验成果，并提请国家科技体制改革和创新体系建设领导小组审议。据统计，各地方、部门重点围绕国务院授权的 169 项重大改革举措，已启动实施 132 项创新改革试验任务，其中 31 项工作任务基本完成，国家督查评估组从中选取了 27 项改革举措逐步向全国推广。

第三阶段（2017 年至今）：滚动部署年度改革试验任务，组织开展对试验区域的中期评估，适时推广重大改革举措。目前，这一阶段目前仍在进展中，各地区积极改革、积累经验，部分成果已经开始呈现并逐步推广。

（三）与已有区域创新改革试验的关系

当前，我国已经在很多地方开展了政策试验，比如国家自主创新示范区、国家高新区、国家综合配套改革试验区、自由贸易试验区、创新型试点省份、国家级新区、创新型试点城市等等。这些改革试验比较多的是瞄准某一个领域或者某一个特定目标进行试点示范，为某一方面的创新改革提供经验。《总体方案》专门提到，承担改革试验区域需具备的基本条件包括：已设有或纳入国家统筹的国家自主创新示范区、国家综合配套改革试验区、自由贸易试验区等各类国家级改革创新试验区；体制机制改革走在前列，经验丰富，示范带动能力强。因此，全面创新改革试验与已有区域创新改革试验是相互衔接、互为促进的。

除了与已有区域创新改革试验相衔接，系统推进全面创新改革试验还有许多特点，主要体现在以下几点：第一，与已有的区域创新改革试验相比，全面创新改革试验以现有各类试验区作为依托，重点突出推进改革，而不是简单的区域政策给予，更加有效避免形成“政策洼地”的问题；第二，以往的各类试验区通常承担着特定的功能性改革任务，而全面创新改革试验则更加突出改革的系统性、整体性和协同性；第三，不同于以往“一阵风”式的区域创新改革试验，全面创新改革试验突出阶段性。按照3年进行总体规划，年度分解、滚动推进，不同试验区域的改革任务也将差异化开展，改革创新的重点将由碎片化政策试点向全面协同试验区转型。

三、全面创新改革试验的主要进展

近两年来，试验区域贯彻落实《中共中央、国务院关于深化体制机制改革加快实施创新驱动发展战略的若干意见》《中共中央、国务院关于深化科技体制改革加快国家创新体系建设的意见》有关部署，聚焦实施创新驱动发展面临的突出问题，着力从处理好政府与市场关系、促进科技与经济融合、激发创新者动力和活力、深化开放创新四个方面先行先试，探索形成了一批破除体制机制瓶颈的改革成果。总体来看，创新驱动发展取得新突破，改革举措不断落地；大众创业万众创新掀起新高潮，上下联动纵深发展；高技术产业与战略性新兴产业活力涌现，支撑作用更加凸显。8 个全面创新改革试验区 78% 任务落地，28 个双创示范基地涌现一批典型经验。

（一）发挥市场和政府作用的有效机制

各个试验区域加快推进政府职能转变，通过简政放权、放管结合、优化服务，最大限度地发挥市场在配置创新资源中的决定性作用。比如，上海市针对药品医疗器械产业准入这一老大难问题，探索实行药品上市许可持有人制度，推进研发与生产“松绑”。广东省瞄准知识产权“侵权易、维权难”问题，探索建立知识产权快速维权新机制，率先搭建专利申请、维权援助、调解执法一体化的综合服务平台，大大简化流程，降低知识产权维权难度。安徽省实施专利、商标、版权“三合一”综合执法试点，推出知识产权公共服务平台，实现了一站式查询专利、商标和版权等知识产权信息，为专利权人提供年费提醒、质量评价、技术推广等相关服务，面向企事业单位提供专利贯标辅导、专利托管、质押登记等事务性流程管理。沈阳市在全国副省级城市中率先成立市级行政审批局，初步形成全覆盖、全流程、一张网的行政审批运行模式。通过推进政府审批流程再造，实行网上审批，加快建设市区一体化网上综合审批联动平台，搭建网上中介服务超市，实现了审管分离、集中审批、精简效能。

（二）促进科技成果转化为生产力的有效途径

各个试验区域围绕打通科技创新与经济发展之间的通道，大力强化体制机制创新，着力推进科技成果转化。比如，上海市针对金融支撑创新不足的矛盾，积极开展投贷联动试点，推动商业银行完善服务体系；筹建服务科创企业的民营银行，设立科技支行、科技特色支行，已初步建立覆盖全市的科技支行服务网络。安徽省建立从天使投资、风险投资到产业基金、上市融资的全链条融资链，满足从实验研究、中试到生产的全过程融资需求；推动国有出资股权投资基金，在市场化决策、估值、退出等方面积极探索；在全国率先建立“4321”新型政银担合作模式，构建覆盖省、市、县三级的政策性担保体系。四川省强力打通军民科技成果转化的通道，在军民混合所有制方面进行积极探索，与国防科工局、12家中央军工集团签署合作协议，拓宽“军转民”“民参军”渠道，目前全省承担国防科研、生产、军贸任务和服务的企事业单位近400家。强化成果转化在“双创”中的源头作用，大力实施“科技成果转移转化工程”，组织实施1500多项重大项目，培育战略性新兴产品702个，累计带动实现产值1.2万亿元以上。武汉市制定科技人员分类评价、高校院所职务科技成果转化、工研院建设和创新发展、技术转移等一系列实施方案和配套政策。依托工业技术研究院，试点推进市场化改革，仅2016年上半年，已有12项科技成果实现转化，在孵企业246家，呈现出前所未有的增长态势。

（三）激发创新者动力和活力的有效举措

各个试验区域积极探索建立充分体现智力劳动价值的分配机制，强化对创新人才的激励，最大限度地调动创新积极性。比如，四川省依托西南交大开展“先确权、后转化”试点，实施职务科技成果混合所有制，实现职务发明创造由单位和职务发明人共同所有，大幅提升发明人积极性。专门出台落实科技成果转化法等相关规定的实施细则，鼓励研发团队负责人为实施成果转化发起成立公司，并在公司控股或成为大股东。职务发明成果在四川实施转化或转让的，其50%以上净收益可用于奖励科技成果完成人和为科技成果转化做出贡献的人员。安徽省不断完善高校院所科研成果转化激励机制，建立横向课题经费管理机制，对列入试点的高校院所提高绩效工资总量调控水平，扩大高校职称评审权，将中科大先研院等新型研发机构建成集技术、资本、转化、营运于一体的市场化综合性创新孵化平台。武汉市通过实施“创谷”计划，拿出最优空间、定制最优政策、提供最优配套服务，打造承载新经济发展的新空间。目前，两批7个“创谷”已全面开工建设，大唐电信、东风汽车设计院等200多家企业已签约入驻。通过实施“城市合伙人”计划，出台“三个10条”政策清单。广东省出台支持新型研发机构政策，明确新型研发机构享受国有科研机构同等待遇。率先开展经营性领域技术入股改革试点，已有37家科研院所和24所高校开展改革。

（四）着力探索深化开放创新的有效模式

实施创新驱动发展战略，必须放眼全球，充分借鉴国际经验，积极聚合国际创新资源。京津冀三地为更好地集聚全球高端创新人才，不断探索完善人才引进政策，以增强对人才的吸引力。比如，北京市出台了支持符合条件的外籍学生兼职创业、外籍人才居留政策，同时建立中关村外国人永久居留服务大厅，办理时间由过去的180个工作日大幅缩短为50个工作日。广东省实施粤港创新走廊行动计划和粤港科技合作联合资助计划，加强与以色列、英国、德国等科技合作。外籍高层次人才引进政策取得突破，已受理批准符合16项出入境政策措施条件的签证700人次。扩大中外合作办学自主权，广东以色列理工学院、深圳北理莫斯科大学建设进展顺利。安徽省瞄准站在行业科技前沿、具有国际视野和能力的领军人才，在全国率先试点实施编制周转池制度，大大缓解高校编制需求，仅安徽大学就新增编制400个；创新人才团队引进机制，以股权投资方式引进40个高层次人才团队，13个来自境外。四川省推动开放合作创新，加强与美、法、德、韩等国在高新技术和现代农业领域合作，加快建设中韩创新创业园、中德创新产业园、中法成都生态园、新川创新科技园等，着力打造国际合作平台。沈阳市依托中德（沈阳）高端装备制造产业园，促进“中国制造2025”与德国工业4.0战略合作对接，建设对德合作先行区。积极融入“一带一路”战略，开通沈满欧班列，全面启动沈阳内陆自贸区创新发展新模式。推进国际产能合作，在白俄罗斯、乌干达、印度等地建设海外工业园。

（五）部分改革试验成果已逐步推广

相关部门在地方探索试点的基础上，已推进出台和制定发布了一批重要文件，巩固和推广改革试验成果。比如，《关于进一步完善中央财政科研资金管理等政策的若干意见》（中办发〔2016〕50号）、《关于印发药品上市许可持有人制度试点方案的通知》（国办发〔2016〕41号）、《关于实行以增加知识价值为导向分配政策的若干意见》（厅字〔2016〕35号）、《关于完善股权激励和技术入股有关所得税的通知》（财税〔2016〕101号）、《关于科技企业孵化器税收政策的通知》（财税〔2016〕89号）、《关于支持银行业金融机构加大创新力度 开展科创企业投贷联动试点的指导意见》（银监会〔2016〕14号）、《外国人来华工作许可制度试点实施方案》（外专发〔2016〕151号），等等。

四、区域创新改革试验推广面临的困难

全面创新改革试验的推广，有利于营造良好的创新创业生态，吸引全球高端创新要素向全面创新改革试验区聚集，从而促进科技与经济深度融合。当前，区域改革试验还存在一些问题，比如，8个区域的改革试验进展还不平衡，部分地方重视程度不够，任务分工落实与督查保障工作相对滞后；有些重大改革举措推进难度大、进展缓慢，在全国范围推广的改革举措还不够多，有些政策方案还不够细化。更为重要的是，由于区域创新水平的差异，以及地方政府资源汲取能力的不同，使得改革试验在推广过程中也会遇到许多阻碍，特别是在试验区经验的可复制性、要素资源配置效率、公平市场环境营造等方面都面临体制机制上的突破。主要体现在如下五点。

（一）改革试验的可复制性经验难以移植

我国政策试验推广模式的最大挑战在于如何科学评估改革成效。从历史经验上看，往往创新在试验区获得成功相对容易，但形成可复制推广的经验并在异地移植成功很难。这是因为，中央遴选的试验区一般都是经济基础较好、科技创新成果多的地区，其成功经验具有一定的特殊性，难以复制。更为深层次的是，可能是改革试验区容易产生心理学上的“霍桑效应”，即意识到了自己是被精心挑选的试验对象，进而加倍投入资源和注意力进行创新，以此标榜自己的政绩。这种为了获得上级关注而采取的短期行为往往是不可持续的，也难以为其他区域效仿。因此，要强化对改革试验的科学评估，

甄别试验方式和试验空间是否具有选择性，找出改革试验推广的前置条件。

（二）创新人才的支撑激励作用发挥不够

创新人才是区域创新改革的关键，许多试验区针对人才激励不足的问题进行了许多探索，但受当前户籍、职称和科研管理体制等方面制约，仍然存在诸多短板。一是人才激励机制不够合理。企业普遍反映，对从事科技创新、成果转化和科技创业的高层次创新人才，招不来、养不起、留不住，直接影响到企业核心竞争力和发展后劲。一些国有企业由于限薪的压力，股权激励等创新手段又面临机制性障碍，使得部分区域尤其是欠发达地区的高层次人才流失严重。二是人才培养手段缺乏。当前的创新改革试验在人才引进方面进行了诸多探索，但对于如何营造良好创新环境培养更多本土化创新人才还关注不多，除了奖励补贴、联合办学、共同研发等手段，还缺乏更为有效的人才培养举措，区域内不同层次的创新型人才梯队尚未建立。三是人才评价方式不合理。现有的创新型人才评价仍然以政府为主导，通过考核评出人才等级，但这种方式难以适应不同企业和不同技术创新的需要，难以真正接受市场检验。

（三）知识产权保护和运用有待进一步强化

我国虽已成为知识产权大国，但知识产权质量不高、运用能力不强、仍不能满足创新发展的需要等问题尚待解决。特别是知识产权保护制度仍需加强，重点是解决知识产权价值保护难问题。当前，知识产权侵权成本低，相当一部分知识产权中介机构运作不规范，专业化程度和服务水平不高，科学评估知识产权价值能力不足，难以帮助企业有效运用知识产权保护自身权益。特别是在一些科技创新欠发达的地区，由于模仿带来的商标、产品技术侵权及维权难等问题普遍存在，改革试验中提到的知识产权快速维权机制难以真正起到作用。

（四）资源配置机制扭曲不利于区域创新活动

资源配置机制的扭曲很大程度上降低了创新活动的潜在收益，也进一步抑制了创新动力。价格机制扭曲、市场投机机会多，非创新活动有更高的回报、更低的风险、更短的回收期。例如，当前大量投资进入了房地产、虚拟经济领域，不仅引发了一定程度的实体经济“空心化”，还因各种投机因素极大地增加了创新活动的机会，高质量的创新资源难以真正配置到更具长远性的研发与创新活动中去。尤其是在金融领域，许多金融机构对创新型企业放贷普遍谨慎，支持创新的金融工具和信贷产品缺乏，因上市门槛设置较高，创投资本难以及时退出，创业投资对创新的支撑作用仍显不足。此外，地方政府的一些不当干预导致部分企业乐于从成本和风险低的寻租行为中获利。

（五）公平竞争的市场环境尚未真正建立

当前，民营企业技术研发能力总体偏弱，国有企业创新激励不足，科研成果转化应用比率低，科技与经济脱节的“两张皮”问题依然严重。大量民营企业、初创企业的创新活力难以发挥，很大程度上与其在市场竞争中的一些制度性障碍有关。比如，民营企业机制活，但是不能平等获得创新资源；国有企业资源占有率强，但体制机制不利于创新；初创企业在营商便利化方面存在诸多“隐性”阻力。此外，行业准入门槛不合理、监管标准不统一也在一定程度上抑制了创新活力。比如，为了避免无序竞争，政府常常以控制企业数量的方式设置准入门槛，这就导致后来者无法参与行业竞争。

执笔人：马晓白　谢宝剑

第四章

跨行政区域创新改革试验的案例分析

区域创新改革试验是基于特定的区域创新体系，从营造良好创新氛围角度出发进行的一种制度安排探索。随着全球价值链的延伸、区域之间合作程度不断加深，以城市群为依托的跨行政区域创新体系初具规模，包括京津冀、珠三角、长三角在内的区域创新体系。因此，从跨区域创新体系的特殊性、区域协同创新的复杂性、创新要素分布的差异性等方面考虑，选取广东省（含粤港澳地区）、京津冀地区为例，对两地创新改革试验的总体情况及做法进行总结。在此基础上，归纳提炼了四点启示：各类创新改革试验必须统筹谋划、协同推进；创新改革试验应注重示范引领与辐射带动兼顾；创新改革试验的关键在于激发创新主体活力；不同类型区域的创新改革试验路径有所侧重。

一、试验案例选取的主要考虑

与传统的区域创新体系相比，跨行政区域创新体系内不同创新主体之间的合作更加复杂，知识、技术和人才等创新要素流动也将面临更多的挑战。当前，国内部分地区的跨行政区域创新体系构建已具雏形，集中分布在京津冀、珠三角、长三角、成德绵、长株潭、合芜蚌等区域。这些区域既有各具特色的城市群，也有各类国家自主创新示范区和国家高新区，拥有丰富的创新要素资源，成为新时期我国区域创新体系构建的主要代表。选取广东省（含粤港澳地区）和京津冀地区作为案例分析代表，大体有以下几点考虑。(1) 广东省是国内改革开放的前沿阵地，在创新改革试验方面始终走在前列，以深圳、广州为核心构建的珠三角区域创新体系发展已相对成熟，特别是在创新改革试验的体制机制突破上进行了有益探索，能为包括京津冀在内的其他区域创新改革试验提供借鉴。(2) 京津冀地区尽管拥有数量庞大的科技创新资源，但是由于体制机制不灵活，长期以来在推动跨区域协同创新方面始终进展缓慢。随着京津冀协同发展上升为国家战略，全面创新改革试验首次跨省级区域涵盖京津冀，加之已有的中关村、天津滨海国家自主创新示范区，以及近期批复设立的雄安新区，将为新时期京津冀地区创新改革试验带来重大红利，同时也具有较强的改革示范意义。

（一）跨行政区域创新体系特色

一是强调创新要素的流动和共享。当前，区域创新模式正在从封闭式向开放式过渡，创新组织从单线条向网络化转变。创新要素通过跨行政区域甚至跨国界流动创造更大的价值。与此同时，也不能忽视创新要素流动过程中的“毗邻效应”，即创新主体空间流动的规模和方向往往会受到包括转移成本、政策引力等条件的约束，造成空间位置靠近的区域之间更易于形成较强的相互作用，其强度往往随距离的增加而衰减。这就是国内跨行政区域创新体系往往以某个科技资源丰富的大中型城市为核心的重要原因，它通过核心城市创新功能的辐射效应，周边地区分享了创新溢出成果，促进了创新要素在更大空间范围内流动，同时还有机会改善本区域创新软环境，例如，崇尚创业、包容失败的创新文化与创新氛围等。

二是注重市场机制和行政力量的共同作用。企业是创新活动的主体，在推动跨区域创新体系构建中发挥了重要作用。一方面，在市场机制的自发调节下，企业为了获得更大的经济利益，首先倾向于选择集中布局以提高生产效率。一旦超过最优生产规模或者生产成本增加导致投资回报率下降，企业会主动调整生产布局向临近区域扩散，同时完善创新要素的分布。在这个过程中，市场产生了打破行政壁垒的需求。例如，北京部分制造企业将生产环节主动向河北转移，全力发展“总部经济”。另一方面，由于创新要素的空间分布往往与区域经济发展水平存在“耦合”关系，即经济发展水平高的区域往往是创新要素集聚的区域，两者形成明显的正反馈机制。随着区域核心城市土地资源日益紧张，为了提高土地利用率，政府也会通过行政力量引导企业跨区域迁移，例如，广东省出台的“腾笼换鸟”计划，引导低端产业向粤东西北转移，推动珠三角集中发展高技术产业，在一定程度上也加强了省内行政区域间合作。

三是追求实现区域经济社会发展双赢。区域协同创新是以区域协同发展为目标，区域协同创新为区域协同发展提供支撑。构建区域创新体系，应当充分考虑各地区发展诉求，坚持让各地区经济社会发展共同受益的原则，同时对经济落后地区给予适当倾斜补偿。以京津冀地区为例，北京市丰富的科技资源只有通过与产业互动、实现创新要素重新组合，形成跨区域科教资源、产业资源等大循环，才能提高科技资源优化配置的潜力，将京津科教资源优势真正转化为京津冀的创新资源优势。要想达到上述目的，提高河北省相对落后的经济水平是关键。只有各区域都从合作中获得发展红利，合作才具有持续性。

（二）区域协同创新面临的困难

当前，区域创新改革试验的难点在于协同创新，无论是市场化程度较高的珠三角地区，还是政府主导浓厚的京津冀地区，协同创新都面临许多类似问题，比如，资源禀赋差异较大、公共服务水平不均等、协同体制机制不健全。这些问题如果处理不好，会影响创新改革试验的效果，也不利于区域协同发展。

一是创新能力的区域差距问题。跨行政区域范围越广，创新资源投入、创新能力水平的地域差距就越明显。从广东省案例看，创新要素高度集中于珠三角地区。比如，珠三角工业企业R&D人员、经费投入占全省比重高达九成以上，而粤东西北地区的创新投入严重不足，同时也缺乏高端要素集聚的能力。创新能力的区域差距悬殊，珠三角专利授权量占全省比重接近九成，粤东西北地区创新水平明显滞后。相比而言，京津冀案例中域内差距更加显著，这主要取决于三地处于不同的经济发展阶段，科技进步对经济增长贡献率差距较大。北京市作为全国科技创新中心，2016年科技进步对当地经济增长的贡献度超过了60%，实现由投资驱动向创新驱动发展的动力转换，而河北省仍处于要素驱动和投资规模驱动发展为主的阶段，必然会降低京津两地创新要素的外溢效果。

二是公共服务水平的区域差异问题。区域间在创新要素富集度和吸引力上的差距，在很大程度上体现了地方政府在发展理念、创新环境和创新政策上的差距，这其中就包含了教育、医疗、社保在内的公共服务差距。粤东西北地区的创新水平与珠三角地区有着明显区别，财政投入公共服务范围、社会政策覆盖领域都会受此影响，加之已有存在的人口正向流动趋势，使得地区之间、群体之间在获得和享用社会公共服务方面的差距客观存在。这些问题也会直接影响创新要素的流向。相比而言，京津冀地区的公共服务水平在某些领域存在“断崖式”的巨大落差，公共资源配置不均衡，导致特大城市人口过于膨胀、中小城市吸纳力严重不足，难以形成多中心城镇格局，从而限制了创新型人才的自由流动。过去十年，京津冀人口空间分布不均的局面进一步加剧，区域内人口更多向北京、天津两座特大城市集中。

三是现行体制机制约束问题。创新要素流动受阻的深层次原因源于当前的体制机制，比如，“分灶吃饭”的财政体制、税收和税源分离的税务制度、财政转移支付制度。粤港澳地区也同样受到要素便利流动、产业合理分工等其他方面的制度性障碍。比如，粤港澳大湾区由“9+2”的城市构成，但分属不同关税区，拥有不同法律制度和行政体系，传统的区域协同机制已经不能适应新形势需要，必须进一步打破行政地域壁垒，推进“一国两制”的新实践。此外，现行的考核评价制度也是制约区域协同创新的重要因素。“一刀切”式的考核评价标准，不仅大大限制了创新优惠政策对区域内欠发达地区的覆盖面，更严重制约了企业创新发展的积极性。

（三）创新要素与改革路径差异

从创新要素分布看，京津冀地区聚集了相当数量的科技创新资源，具有较强的原始创新能力，但主要集中在北京市的高校和科研院所。截至2016年年底，在京两院院士约766人，约占全国的1/2。在京各类科研院所412家，位居全国首位。创业投资、股权投资管理机构近4000家，管理资金总量约1.6万亿元。北京科技型企业累计43.3万家，新三板挂牌企业1470家。2014～2016年，北京市获得国家科学技术奖项目223项，占全国的31.5%。特别是在“规上工业企业的R&D机构数”“规上工业企业的R&D经费内部支出”和“规上工业企业的R&D人员”等指标上明显低于广东省。相比而言，广东省由于市场化程度较高，企业在引领创新中的作用更大，科技成果转化成绩显著。统计显示，当前，广东省研发人员数量超过了京津冀三地的总和，在全国占比超过一成。广东省研发经费内部支出在国内各地区中排名第一，然而受地区经济总量所限，其研发经费投入强度统计值落后于北京和天津等地区，仅稍稍高于全国平均值（2.07%），不及部分发达国家3%～4%的水平。

从创新改革路径看，广东省和京津冀地区创新改革试验路径各有差异。目前，国内学者将跨区域创新系统大致分为三类：市场牵引型、研发驱动型和政府主导型。广东省在参与构建珠三角和粤港澳跨区域创新体系时更多属于市场牵引型，地理位置临近的各地区之间出于发展经济的共同需要，自发推动了创新体系的形成和完善。更为重要的是，开放式创新模式让广东省本土企业有机会融入全球价值链，以市场为目标调整创新方向。京津冀协同创新尽管启动时间较早，但是始终进展缓慢。长期以来，京津冀地区国有经济占据了主导地位，民营经济发展相对不足，行政干预、地方保护、贸易壁垒等现象时常发生，直接影响三地新技术、新产品、政府采购和推广应用统一市场的建立，难以发挥市场机制的调节作用，也间接阻碍了跨区域创新体系的形成。直到京津冀协同发展战略上升为国家战略，组建了更高级别的跨区域协调机构才取得积极进展，无疑具有政府主导型的特征。

二、广东省创新改革试验的主要做法及成效

广东省既是我国改革开放的先行地区，也是观察当前经济转型最具代表性的地区。依靠“敢为天下先”的改革精神和“杀出一条血路”的改革勇气，广东省在上一轮改革开放的大潮中取得了举世瞩目的成就，更为全国树立了样板、提供了经验，成为区域创新驱动发展的“试验田”。近年来，广东省将创新驱动发展战略作为核心战略和总抓手，大力推进以科技创新为核心的全面创新，充分体现粤港澳大湾区的区位特色和要素优势，在创新改革试验的体制机制上进行了有益探索。

（一）创新改革试验的总体情况与推进方式

广东省坚持把创新改革试验与推动供给侧结构性改革相结合，不断发挥珠三角地区在创新驱动发展战略中的引领作用，积极在省域层面构建基于区域比较优势的跨区域协同创新体系，统筹推进国家自主创新示范区、自贸区、全面创新改革示范区建设，更加突出企业创新、人才驱动、粤港澳合作等重点举措，致力于形成一批可复制、可推广的经验做法，力争在“十三五”期间基本建成面向全球、面向未来、面向现代化、具有鲜明广东特色的开放型区域创新体系。

一是注重各类创新改革试验的统筹谋划。结合建设全面创新改革试验试点省份，全力建设珠三角国家自主创新示范区，加快国家自主创新示范区和中国（广东）自由贸易试验区联动融合发展，进一步强化各类创新改革试验的协同性。一方面，出台《珠三角国家自主创新示范区建设实施方案（2016～2020 年）》，明确 18 个方面重点任务，

着力打造国际一流的创业创新中心，并已初步形成以深圳、广州和珠三角其他7个地市国家级高新区为核心的“1+1+7”自主创新示范区建设新格局。另一方面，在申报过程中同步推进广东省全面创新改革试验。国务院批复《广东省系统推进全面创新改革试验方案》后，随即审议通过了《广东省系统推进全面创新改革试验行动计划》，系统梳理、细化提出116项具体改革事项，包括国家授权改革事项16项、省属权限改革事项100项。此外，积极推动粤港澳大湾区建设，提前谋划粤港澳大湾区科技创新合作机制，促进制度兼容模式下的双向开放、协同创新、共享发展，力争把自贸试验区和国家自主创新示范区打造成为粤港澳大湾区的核心区和重要引擎。

二是协调推动重大改革试点事项落地生根。一方面，积极争取国家有关部委支持，通过部际会商机制最大限度获得国家授权。根据《广东省系统推进全面创新改革试验行动计划》，16项国家授权的改革事项中有9项已经落地实施，主要包括：全面启动知识产权“三审合一”改革试点工作；建立5家国家知识产权快速维权中心；在珠三角地区全面开展专利保险试点；积极推动粤港澳职业资格互认试点；外籍高层次人才引进政策取得突破；扩大高等教育办学自主权；扩大中外合作办学自主权；开展药品上市许可持有人制度试点；开展创新药物临床试验审批制度改革试点。另一方面，持续推进省属权限改革事项，以最大的改革勇气和担当精神推动各项改革落地深根。按照“边报批、边改革、边推进、边落实”的原则，同步推进落实省属权限改革事项100项，其中已推进实施83项。主要包括：完善高新技术企业认定管理制度；完善科研项目管理制度；开展经营性领域技术入股改革试点；促进新型研发机构发展；推进科技创新券后补助工作；改革创新外国人才来华工作就业管理新模式；深入推进高水平大学和重点学科建设；创新职称评价机制。按照《珠三角国家自主创新示范区实施方案》提出的战略定位和发展目标，加快推动“粤12条”和国家自主创新示范区“6+4”等政策落地实施。

三是不断强化创新改革试验的统一指挥领导。党的十八大以来，广东省委、省政府多次召开会议，专题学习习近平总书记关于创新发展的重要讲话精神，研究部署推进创新改革试验工作。为此，广东省专门设立最高层级的领导协调机制，于2015年6月成立全面深化改革加快实施创新驱动发展战略领导小组，由省委书记亲自担任组长、省长担任常务副组长，进一步强化领导小组的决策权威。领导小组的主要职责之一就是负责研究确定与创新驱动发展有关的主要改革任务、审查重大改革方案、统筹协调重大改革问题等。与此同时，建立日常联络协调机制，成立系统推进全面创新改革试验领导小组办公室和珠三角国家自主创新示范区建设工作办公室，办公室分别设在省发展改革委和科技厅，根据创新改革试验的重点进一步明确责任分工、健全协作机制，细化推进改革的各项任务。截至2016年年底，领导小组已召开6次全体会议，对区域创新改革试验涉及的有关事项进行研究部署，加快推进体制机制创新，负责督促各项改革举措落地实施。

（二）改革举措之一：面向全球集聚创新创业人才

人才是最重要的创新要素，区域创新高地首先是高素质人才的集聚地。广东省并非天然具有在全球范围内吸引和集聚人才的制度或地理条件，主要是依靠多年来持续性的政策鼓励和制度突破来加以实现。在广东省2016年确定的全面创新改革事项列表中，涉及人才相关的体制机制改革多达20项，占“国家授权改革”和“省级权限改革”等全部事项（共58项）的比重超过了1/3。广东省公安厅、教育厅、人力资源与社会保障厅等相关部门积极探索、形成合力，及时收集政策执行中的问题以及外籍高层次人才在出入境方面的新需求，不断修订并出台新的人才引进政策，形成了一些有益的改革举措。

一是各类鼓励性政策的大力支持。以“孔雀计划”“珠江人才计划”为代表的一系列高层次人才引进计划在海内外都引发了强烈反响。比如，每个引进的创新创业团队能获得政府1000万元到1亿元不等的资金资助，其力度在全国范围看不可谓不大。与此同时，为了让这些引进人才安心创新创业，政府也着力解决他们的“后顾之忧”。比如，深圳在这方面的表现尤为突出，市财政直接拿出近千亿元的专项资金支持“十三五”期间新筹建人才住房和保障性住房40万套，其中这类人才住房的房价仅为市场均价的一半左右。

二是着力突破限制人才出入境的壁垒。广东率先在外籍高层次人才引进政策上取得突破，积极服务广州南沙、深圳前海、珠海横琴自贸片区及全省创新驱动发展建设。2016年，公安部正式批复同意广东自贸区建设和创新驱动发展的16项出入境政策措施。广东省出台《关于开展外国人来华工作许可试点工作的通知》，不仅实现了“五统一”（制度、标准、证件、办理机构、办理系统），更大胆探索整合“外国人入境就业许可”和“外国专家来华工作许可”。这些政策主要针对广东自贸区建设及创新驱动发展中对外籍高层次人才、留学归国创业外籍华人、外籍青年学生和投资人员四大类外籍群体，涉及外国人签证、停留居留证件、永久居留证签发等方面，受到广东省科技创新企业和外籍人才的高度评价。

三是积极推进专业技术职称制度改革。更加突出科技创新和业绩能力导向。2015年，省教育厅会同科技厅出台《关于进一步改革科技人员职称评价的若干意见》，将专利创造、标准制定及成果转化作为职称评审的重要依据。开展高校职称制度改革试点。在高水平大学试点高校中实施职称“五个自主”新模式。探索在华大基因、广汽研究院等新型研发机构实行职称自主评审。探索向地市一级下放中小学教师、卫生高级职称评审权。减少职业资格许可认定，释放人才创新创业活力。2015 年，经省政府批准公布取消了 42 项自行设置的职业资格，坚决杜绝取消事项“明取消暗保留”或执行落实不到位现象。

四是积极开展粤港澳职业资格互认。在技能类职业资格方面，研究出台《关于广东省认定香港专业能力评估证书、澳门职业技能证明书职业能力第一批目录清单的公告（征求意见稿）》，目录中涉及澳门地区 13 个职业 28 个级别和香港地区 5 个职业 11 个级别。在专技类职业资格方面，根据 CEPA 补充协议在执业时需由内地向港澳逐步开放服务领域。目前已实施互认的资格集中在建筑领域 6 个专业，由住建部（行业协会）直接与香港达成互认机制。2012 年，广东省报经人社部的同意探索与香港开展价格鉴证师、执业药师和社会工作者 3 项职业资格互认试点，并提出“请进来、走出去”的方式，商请省港澳办协调香港特区政府制定有关部门或行业机构建立对接机制。

五是不断扩大高校办学自主权。广东省高校资源相对落后于北京、上海，但高校改革的力度却十分突出。通过深化省级政府教育统筹综合改革，改进政府管理教育方式，不断激发高校的办学活力。相继出台《关于建设高水平大学的意见》《关于深化教育领域综合改革的实施意见》《关于加强理工科大学和理工类学科建设服务创新发展的意见》《高水平大学建设人事制度改革试点方案》等系列文件，为高校在学科设置、人才选聘、职称评定、科学研究、国际交流合作、成果转化等方面享有自主权提供制度保障。与此同时，广东省还积极扩大中外合作办学自主权。比如，广东以色列理工学院、深圳北理莫斯科大学建设顺利推进，教育部授权广东自行审批粤港澳国际联合重点实验室，等等。

（三）改革举措之二：大力支持科技创新平台建设

激发全社会的创新活力，除了依靠政府和企业，越来越需要一些支持创新的专业机构、平台或重要部门积极参与，这类组织的作用越来越不可替代。创新活动的不确定性、长期性和高风险性，决定了作为创新主体的企业需要一大批专业化的支撑或服务机构。同时，考虑到创新政策的复杂性和系统性，需要一些专门支持创新的执行机构推动已有政策的有效落地和反馈改进。广东省发展改革委、科技厅、经信委、商务厅等部门相互配合，在探索科技创新平台建设方面积累了许多好做法。

一是大力发展新型研发机构。近年来，广东省首创性提出了“新型研发机构”的概念，在国内率先出台《关于支持新型研发机构发展的试行办法》等政策措施，主要涉及初创补贴、运行费用后补助、进口科研仪器设备免税和补助等。当前，广东省已有拥有近 170 家新型研发机构，数量占到全省科研机构的 1/3，包括以清华大学深圳研究院、华大基因研究院、光启高等理工研究院、香港大学霍英东研究院、香港科技大学深圳研究院等为代表的一批研发机构。共建深港产学研基地，已有香港中文大学、香港科技大学等 6 所院校在深圳注册企业 15 家，设立研发中心 8 家，累计孵化企业 300 多家、在孵企业约 200 家、毕业企业约 100 家。设立“粤港共建科技创新平台专项”，支持省内相关大学、科研机构联合港澳机构建立 19 个研究中心及联合实验室。这些机构累计创办和孵化的企业接近 4000 家，极大改善了区域研发活动的投入结构和产出效率。

二是注重专业化科技服务机构的集聚性发展。以深圳、广州为代表的中心城市通过设立技术服务专项资金、成立科技服务业协会，培育和壮大科技服务市场主体，鼓励和引导开展各类科技服务，逐步形成涵盖研发设计、技术转移、检验检测认证、创业投资孵化、知识产权服务、法律与财务咨询等在内一整套科技服务体系。颇具代表性的“国家技术转移南方中心”，就是深圳市与科技部联合打造的专业化国家级技术转移中介机构。这些专业机构的快速发展让深圳顺利成为国家首批科技服务体系建设试点城市和中国创新驿站首批试点地区。与此同时，充分发挥香港科技中介机构的纽带作用，积极拓展服务范围，为广东企业提供包括产品开发、顾问、培训、产品检测及技术转移等服务。例如，引进香港科学园、香港职业训练局到深圳集成电路设计产业化基地开展人才培训、测试等服务。支持香港生产力促进局在广州、深圳、东莞设立分支机构，为珠三角厂商提供科技资讯及管理服务。

三是着力打造多个链接全球创新网络的合作平台。为了更好支持本地企业利用全球创新资源，广东省加大对国际合作园区的统筹规划布局，在国内率先形成“N＋多”（即若干个综合性国际合作园区、一大批专业性合作园区）的区域性开放创新合作平台，主要包括：中新（广州）知识城、中德（佛山）工业服务区、中以（东莞）国际科技合作产业园、中以（汕头）科技创新合作区、中美（江门）先进制造业合作园、中瑞（中山）产业园、中欧（江门）中小企业国际合作区等。这些国际合作创新平台不仅是创新已有利用外资的方式手段，更是通过公私合作、产业链合作、人才培训等方式促进本地传统制造业转型升级。

（四）改革举措之三：着力营造宜居宜业创新环境

当前，我国创新环境的吸引力相对落后，开放创新机制建设也才刚刚起步，特别是在创建有利于公平竞争、产权保护、营商便利的市场环境上存在短板，这在很大程度上不利于进一步开放创新。为突破体制机制壁垒，让创新要素、创新主体、创新人才充分活跃起来，广东省在简政放权、创新管理方式上的改革经验具有代表性，以南沙自贸区推进贸易便利化为代表。广东自贸区南沙片区自 2015 年挂牌以来，以打造广东省高水平对外开放重大平台为目标，通过制度创新在促进投资贸易便利化水平、优化法治环境和加强事中事后监管等方面形成了一批改革举措。

一是实施“互联网 + 政务服务”，促进企业投资便利化。推行“统一收件、内部流转、联合审批、限时办结、统一发证”的企业设立登记“一口受理”模式。依托“一口受理”信息平台，实现“一照一码”企业登记注册制，做到一次收件、一个平台、一天办结向企业核发加载统一社会信用代码的营业执照。搭建政企互动的综合服务平台，依托网上办事大厅等信息系统以及数据库，构建以企业需求为出发点的一站式多功能综合服务平台。

二是打造“南沙智慧口岸”，提高贸易便利化水平。创新口岸监管模式，提升口岸管理服务信息化水平，形成以智慧服务、智慧流程、智慧监管、智慧联通为主要内容的南沙“智慧口岸”品牌效应。国际贸易“单一窗口”2.0 版上线运行，启动关检“三互”模式。重点推进“互联网 + 易通关”“智检口岸”“智慧海事”系统上线运行，建立口岸业务网上 24 小时自助办理通道，部门之间实现信息共享和互联互通，企业可“足不出门”和“全天候”办理各项口岸业务，口岸业务由“重监管”向“监管和服务并重”转变。

三是率先开展“微警”服务平台，进一步优化法治环境。首次打通一条“微信”前端设立“窗口”，后端接入公安业务部门数据资源，联通政府财政非税系统的移动支付渠道，率先实现了交通、户政、出入境等业务的微信缴费、移动办理，群众足不出户就可办理相关业务，并且成功接入微信和支付宝城市服务双平台。实现公安业务移动互联网“一口受理，一键办结”，全面提升警务工作效能。南沙首创户政新业务，身份证工本费可微信支付，实现“微警”线上身份认证功能。

四是打造统一规范信息化平台，加强事中事后监管。将政府内部市场监管平台与公众的企业信用信息公示系统融合建设。率先将海关、检验检疫等中央驻穗单位企业信用信息纳入平台数据库，建立基于大数据条件下的协同监管机制，实现监管风险的提示预警、违法违规线索的移送和组织开展跨部门联合执法检查，并跟踪督促相关风险提示处理、线索核查和案件查办结果。创新国际贸易信息化监管体系，采取包括实施事前备案、加强事中监测、强化事后追溯等措施。

（五）改革举措之四：培育发展高水平的“湾区经济”

近年来，广东省充分依托地缘要素禀赋，推动开放创新体系建设不断深化，先后形成以粤港科技创新走廊、深港创新圈、粤港澳大湾区为代表的创新集聚核心区。特别是最近提出的粤港澳大湾区，以不到全国0.6%的土地和不到5%的人口，创造了全国约13%的经济总量，成为全球第十三大经济体。可以说，粤港澳大湾区在经济、产业、环境、创新等方面已有很好的积累，虽然与全球科技创新中心相比还存在差距，但已初步具备快速成长为世界级领先湾区的巨大潜力，这也是当前粤港澳创新改革试验的最大亮点。按照全面创新改革试验和粤港澳大湾区战略的要求，广东省科技厅、教育厅、港澳办等部门进一步深化与港澳相关部门的创新合作，在创新平台建设、科技人才引进、科技成果转化等方面采取了一系列举措。

一是以制度创新推进三地全面开放合作。粤港澳合作上升为国家战略，《内地与香港成立科技合作委员会协议》和《内地与澳门成立科技合作委员会协议》的签署，有效推动了港澳与内地的科技合作。两地合作联席会议机制逐步完善，自2003年起成立粤港高新技术合作专责小组。CEPA及其相关补充协议、《珠江三角洲地区改革发展规划纲要（2008～2020年）》以及《粤港合作框架协议》（2010）等重要政策文件近年来相继出台，为粤港建设开放式区域创新体系指明了方向，并逐步形成以“粤港科技创新走廊”为核心的发展格局。深圳、广州、佛山、东莞等市均启动了面向香港的科技合作项目，其中，深港两地实施了“深港创新圈”三年行动计划建设项目，穗港两地在战略合作协议框架下签订项目46个，总投资额达115.19亿元。

二是大力实施“粤港科技合作资助计划”。粤港两地通过全产业链合作，共同研发、共建开发区和科技园、共同引进外资。自2004年以来，双方联合资助关键领域核心技术研发，投入21亿元人民币和7.77亿港元，开发新产品约3000项、研究创新工艺约850项、研究出新材料约240种、开发新装备约750项。2014年重新启动实施的“粤港科技合作资助计划”对珠三角的科技合作发展发挥了重要作用，2016年度计划已于2017年3月正式结束，并通过广东省前沿与关键技术创新专项资金5000万元、香港创新基金对粤港两地科研及产业发展立项支持49项，其中8项为粤港联合资助。

三是积极推动区域创新要素自由流动。引导香港高校、科研院所和广东的科研机构联合搭建创新平台，吸引国际高端人才开展紧密合作，已建成“粤港自动化科学与工程联合研究中心”“再生医学联合重点实验室”等7家粤港澳共建科技创新平台。签署共建高新区发展备忘录，开创粤港科技合作新模式，吸引香港科研机构进驻高新区，在重点领域联合开展研发攻关。通过教育科研协作推动科技人才密切交流，比如，深圳积极推动两地人才智力交流与合作，实现深港人才互补共享，香港大学、香港中文大学、香港理工大学、香港科技大学等多家香港高校均在深圳设立分支机构。

四是主动作为积极应对机制性障碍。针对多年来粤港澳合作面临前置审批瓶颈多、区域合作权限难以平衡、三地制度落差大、利益协调机制不尽明确等体制机制性挑战，广东省针对性地开展了许多改革尝试。比如，广东省联合香港、澳门积极梳理现行政策，做实合作框架，在一些重大合作事项上争取中央支持。又如，以推进港珠澳大桥、广深港客运专线、深港西部快速轨道线等重大基础设施项目为基础，利用前海、南沙、横琴开发建设的政策优势，推动一些重大项目开工建设。与此同时，三地共建合作信息平台、促进人才自由流动、深化教育医疗领域合作等举措发挥了积极作用，也包括不断推进港澳官方和民间对共同利益和长远利益的合作共识。

三、京津冀地区创新改革试验的主要做法及成效

长期以来，京津冀与长三角、珠三角地区并称为中国经济的三大经济圈。由于市场化程度较高、与国际接轨较早，长三角和珠三角在区域协同发展方面已经走在国内前列，上海市和广东省在开放创新方面也取得了长足进步。相比之下，京津冀地区创新发展却相对滞后，

但作为我国创新资源最为富集的区域之一，有条件通过区域协同在创新驱动发展方面走在全国前列。随着京津冀协同发展上升为国家战略，京津冀地区作为全国唯一的跨省级行政区域入选“全面创新改革试验区”，创新改革试点示范深入开展，以科技创新为核心，统筹推进产业、金融、人才、公共服务等方面体制机制创新，重点在打造协同创新共同体方面进行了许多探索。

（一）创新改革试验的总体情况与推进方式

京津冀地区作为区域尺度最大的跨省级行政区域，面临的创新要素流动障碍最多、困难最大，开展任何创新改革试验都需要协调不同层级的地方利益。近年来，京津冀地区深入贯彻落实国家创新驱动发展战略和京津冀协同发展战略，稳步推进京津冀全面创新改革试验。特别是充分发挥北京全国科技创新中心的辐射带动作用，依托中关村国家自主创新示范区、北京市服务业扩大开放综合试点、天津国家自主创新示范区、中国（天津）自由贸易试验区和石（家庄）保（定）廊（坊）地区国家高新区的发展基础和政策先行先试经验，进一步促进京津冀三地创新链、产业链、资金链、政策链深度融合，不断推动形成京津冀协同创新共同体，打造中国经济发展新的支撑带。

一是突出改革试验决策统筹协调的权威性。跨区域合作中需要有特殊的体制机制安排，对于行政资源高度集中的京津冀地区更应如此。其一，成立强有力的领导机构。组建形成以京津冀协同发展领导小组为核心，三省市及相关部委共同参与、专家咨询委员会辅助咨询的最高决策议事机构，领导小组办公室设在国家发改委地区司。这是迄今为止跨区域合作协调机构的最高层级。其二，强化督办落实机制。

领导小组办公室牵头制定包括协同创新在内的各项年度重点任务，积极协调解决涉及跨区域跨部门重大事项，在持续推进三个重点领域率先突破的基础上，不断夯实协同创新共同体的制度基础，加强对京津冀地区创新改革试验的统筹指挥。其三，完善工作推进机制。加强国家部委、三地领导层面和有关部门有效沟通对接。牵头部门与京津冀三省市、有关部门协调配合，统筹推进各领域重点工作任务落实。比如，科技部会同三省市科技管理部门成立了京津冀科技创新协同推进工作小组，与北京市建立了工作会商机制。

二是注重顶层设计与专项规划的有序衔接。在顶层设计上，从中央到两市一省，始终聚焦“一张图”、展开“一盘棋”，上下同心、主动作为，共同推进京津冀协同发展。2015 年 6 月，《京津冀协同发展规划纲要》正式出台。在此基础上，国家发展改革委、科技部编制完成《京津冀创新驱动发展指导意见》，标志着京津冀协同创新的顶层设计基本完成。2016 年，国务院先后批复《京津冀系统推进全面创新改革试验方案》《关于贯彻落实区域发展战略促进区域协调发展的指导意见》，明确提出要“建设以首都为核心的世界级城市群，打造京津冀协同创新共同体，辐射带动环渤海地区和北方腹地发展”。在各自规划过程中，国家发展改革委、科技部主动加强与北京市、天津市、河北省的衔接和协调，探索协同创新发展新模式。三地在各自的科技创新“十三五”规划中已有进一步体现，并相继制定了各自推进全面创新改革试验的工作方案。

三是进一步明确三地协同创新发展的目标定位。北京市根据全国科技创新中心建设的总体部署，以中关村国家自主创新示范区为主要载体，以构建科技创新为核心的全面创新体系为强大支撑，着力构建区域协同创新共同体，强调打造技术创新总部基地、高端引领型产业研发集聚区、科技成果交易核心区、全球高端创新中心和创新人才聚集中心。天津市积极贯彻《国家创新驱动发展战略纲要》和《京津冀协同发展纲要》，着力打造具有国际影响力的产业创新中心、高水平现代化制造业研发转化基地和科技型中小企业创新创业示范区。河北省以雄安新区建设创新驱动发展引领区为重点，积极打造科技成果孵化转化中心、重点产业技术研发基地、科技支撑产业结构调整和转型升级试验区。

四是鼓励区域内开展不同形式的创新改革试验。按照“政府主导、企业参与、市场选择”的原则，有节奏、分步骤、协调推进各项合作。其一，充分发挥北京科技创新中心的辐射带动作用，有步骤地推进中关村与天津市、河北省共建多个创新中心，促使中关村试点政策优先在京津冀地区落地。2016 年 8 月，《中关村国家自主创新示范区京津冀协同创新共同体建设行动计划（2016 ~ 2018 年）》正式出台。其二，稳步推进相关领域试点示范工作，为区域创新改革试验创造良好条件。比如，北京中关村、天津滨海国家自主创新示范区，以及石家庄、保定国家高新区在内的 25 个区域被纳入科技部首批科技服务业区域试点名单。北京中关村、天津滨海国家自主创新示范区被纳入首批开展科创企业投贷联动试点地区。其三，各层级政府间合作领域进一步拓宽，市场主体的自发行为逐步形成。比如，在政府层面，两市一省科技主管部门联合签署《京津冀协同创新发展战略研究和基础研究合作框架协议》，宣布建立长效合作机制，搭建三地共同研究战略平台。在企业层面，中关村协同发展投资有限公司联合天津宝坻、河北保定、承德、张家口等 14 个地市政府及金融机构设立规模 100 亿元的中关村协同创新投资基金。

（二）改革举措之一：组建多层次、跨区域协同创新联盟

创新驱动是推动京津冀协同发展的根本动力，而京津冀协同创新是实现创新驱动发展的必然选择。当前，京津冀地区科技资源区域布局与配置不够合理，比如，产业共性技术平台共享不够，科技创新成果转化效率较低。与此同时，区域协同创新能力明显不足，京津冀三地尚未形成有效衔接、分工协作的科技创新运作机制。在科技资源共享、技术交易、科技金融、创业孵化、知识产权等方面，区域间协同程度较低。基于上述考虑，京津冀三地在各自领域组建了不同层次的跨区域协同创新联盟，努力探索实现创新要素资源在更大区域范围内自由流动。

一是组建以高校、科研机构为主的专业创新联盟。比如，2015 年 6 月，北京工业大学、天津工业大学、河北工业大学携手成立“京津冀协同创新联盟”。签署建立“京津冀交通协同创新中心”“京津冀环境污染控制协同创新中心”和“京津冀智能装备技术与系统协同创新中心”等框架协议。2015 年 9 月，由北京大学牵头，南开大学、清华大学、河北经贸大学和首都经济贸易大学作为主要协同合作单位的京津冀协同发展联合创新中心宣布成立。2015 年 12 月，中国农业大学、北京林业大学、河北农业大学和天津农学院等 9 所院校成立“京津冀农林高校协同创新联盟”。

二是成立以科技服务、技术转移为特征的创新联盟。比如，2015 年 12 月，北京大学科技开发部、北方技术交易市场、河北省科技成果转化服务中心等 26 家单位发起成立京津冀技术转移协同创新联盟。2016 年 7 月，中关村管委会、天津市科委、河北省科技厅与天津市滨海新区政府共同推动成立京津冀首个跨区域众创联盟——京津冀众创联盟，共有 3 省市 57 家双创机构和企业加盟，其中 70% 的联盟成员为

跨区域服务机构。联盟秉承“政府引导、市场化运作、优选服务”的机制，打破区域资源壁垒，充分整合三地各类资源，为创新创业者提供专业服务。

三是成立以国有企业为主的科技创新联盟。为进一步加快首都全国科技创新中心建设，促进京津冀三地创新协同发展，2016 年 6 月，北京市组建中关村京企云梯科技创新联盟，成为市属国有企业与中关村企业间创新合作的高端服务平台。该联盟面向中关村自主创新示范区内的高科技企业、科研院所、市属国有企业和相关机构，下设云梯产业投资基金，以“融汇创新资源、服务科技发展、助推国企改革、聚力转型升级”为宗旨，聚力推动市属企业与中关村示范区企业建立常态化的合作机制，这也是对统筹协调首都科技资源的组织模式和工作机制的有益探索。

（三）改革举措之二：以中关村为引领，构建综合创新示范园区

中关村作为国家自主创新示范区，在实施京津冀协同发展中发挥了重要作用。近年来，中关村全面深化科技创新体制改革，积极探索跨区域并购、共建园区等区域合作新模式，不断拓展“1 +6”系列创新政策，积极推动落实京津“1 +5”、京冀“6 +1”系列合作框架协议，与天津市、河北省有关区域开展了共建科技成果转化基地、促进科技资源协同共享、共同推进新兴产业发展等方面的协同创新合作，在促进成果转化和产业化、科技资源高效配置等方面进行了有益探索并取得显著成效。

一是形成“一区多园”的创新发展载体。近年来，按照“共建、共管、共享、共融”的原则，中关村与天津滨海、河北曹妃甸、承德、保定、石家庄等地，在创新创业生态系统构建、园区链建设、产

业协同发展等方面积极探索，形成包括天津滨海—中关村科技园、中关村海淀园秦皇岛分园、宝坻京津中关村科技城、中关村曹妃甸高新技术成果转化基地、保定·中关村创新中心、石家庄（正定）中关村集成电路产业基地等在内的多家中关村科技创新园。与此同时，根据《中关村京津冀协同创新共同体建设行动计划（2016~2018年）》，“一链三带多社区”的协同创新共同体正加快建设。

二是创新科技园区行政管理体制。中关村科技园区根据自身“一区多园”的特征和实际情况，探索出一套独特的协调管理模式。通过推行园区“普惠制”，将核心区原有土地、人才、融资等相关政策推广到一般园区。在“一区多园”模式下，实行“双重领导、以区为主”的领导体制。具体而言，各个分园均有自己的管委会或管理局，一般是其所在行政区的派出机构，他们具体承担各自园区的开发建设以及经济和行政管理事务职责，其财政、人事都是由各自行政区负责。为协调各个园区之间的发展，由市政府出面再成立一个“大管委会”作为市政府的派出机构，统筹规划协调各个园区发展，通过与相关部门的衔接创造支撑高新区发展的政策合力。

三是设立中关村协同创新投资基金。2016年，中关村新上市的企业总市值接近1700亿元，平均每家企业市值88亿元。截至2016年年末，北京中关村企业累计在津冀两地新设立分公司2709家，设立子公司3140家。由中关村发展集团发起，联合天津、河北等地方政府及金融机构设立规模100亿元的“中关村协同创新投资基金”于2016年年底完成工商登记注册，这是国内首支区域协同基金。它采取“1+1+N”模式（即1支母基金，1支协同创新基金，N支区域子基金），为区域重点产业化项目、创客空间、共建园区提供融资支持。

（四）改革举措之三：通过产业转移完善区域创新布局

有序疏解北京非首都功能是京津冀协同发展战略的重要内容，也是京津冀地区创新改革试验的题中要义。无论是以中关村、天津为代表的国家自主创新示范区，还是以京津石廊为重点的全面创新改革试验区，都更加突出京津冀协同发展这一主题，强调在推进产业升级转移上下功夫，加快承接和孵化转化“两核”高端科技创新成果，打造一批支撑产业发展的创新基地，形成互利共赢、梯度传递的科技园区发展模式，积极推动京津发展带、京唐秦发展带、滨海发展带、京保石发展带建设。

一是政府主动牵线搭桥，共同打造产业合作对接平台。2015 年 11 月，由工信部与京津冀三地政府联合举办京津冀产业转移系列对接活动，建立了更加高效的产业对接合作机制，推动产业有序转移承接，现场签约 51 个项目，涉及工业园区、电子新产业、高端装备制造业、生物制药、传统产业转型升级等领域。与此同时，承德节能环保及大数据产业集聚园区、北京曹妃甸现代产业发展试验区、北京沧州生物医药产业园、河北张承生态功能区、新机场临空经济合作区等合作共建产业园区正按计划陆续建成并投入使用。

二是寻求重大合作项目，带动相关产业对接协作。比如，北汽集团黄骅整车项目建成投产，北京现代汽车第四工厂 30 万辆整车项目竣工投产，阿里张北云联数据中心 1 号、2 号园区正式启用，石家庄（正定）中关村集成电路产业基地开工建设。一批重大产业合作向项目落户曹妃甸区、张承生态功能区和滨海新区等功能承接区，同时也带动了相关产业项目的积极对接。据统计，2014 ~ 2016 年，河北省引进京津资金 11041 亿元，占全省同期引进省外资金的一半以上；天津市引进京冀项目 4856 个、资金 5226.7 亿元，分别占全市引进外省项目和资金的35.6%和44%。2016年，北京企业在津冀两地的投资认缴额分别增长26%和100%。

三是依托科技创新中心，打造新的区域产业集群。通过产业的跨区域转移，京津冀能够充分发挥在产业链和创新链不同环节的比较优势，也为三地协同创新发展带来了机遇。当前，创新型经济特征在京津冀区域正逐步形成。2016年首都科技创新发展指数显示，北京科技创新辐射引领指标由2010年的82.53增长到2015年的97.47，年均增长率为3.4%。以半导体产业为例，京津冀三地整合资源形成了三地半导体产业协同发展格局。北京联合天津半导体光源系统产业技术创新战略联盟、中国电谷（河北）第三代半导体产业技术创新战略联盟共建京津冀第三代半导体研发创新平台，建立共性关键技术研发平台，实现小试、中试及工程化论证，共建标准制定、检测认证等技术研发协同服务网络。

四、跨行政区域创新改革试验的几点启示

跨行政区域创新系统是一个开放的系统，其开放程度决定了各区域创新系统能否实现技术、人才和知识等创新要素的高效配置。推进区域创新改革试验，不仅体现了改革的国家意志，也蕴含着创新的区域特色。因此，允许采取独特措施、个别做法，容许一些试验和做法存在不确定性甚至一定风险，但力图通过大胆试验，打通科技向生产力转化的通道，为全国全面推进创新改革积累经验。由于不受行政区划的限制和管理层级的约束，跨行政区域创新改革试验更加突出区域板块的要素禀赋与经济属性。它既要充分考虑不同区域创新要素的有机整合，也要协调不同行政区划内创新改革所产生的制度障碍及利益

冲突。跨行政区域的范围越大，所需协调的机制层级就越高，产生的制度成本也就越高。

当前，区域科技创新分工格局还没有真正形成，创新要素资源共享不足，创新链与产业链对接融合不充分，区域科技合作机制的实效性尚未凸显，这些也正是区域创新改革试验所需解决的关键问题。纵观广东省、京津冀地区开展的创新改革试验，都离不开一个核心区域创新改革的示范带动，也需要一个高层级协商决策机制的有效运作，更依赖于良好的区域创新环境和创新网络。只有把握好以上三点，才能更好地突破现有行政壁垒，促进各行政区域的协同创新发展。跨行政区域创新改革试验是一个复杂的系统工程，不可能通过某一试点示范就能完成，而是需要不同类型的改革试验相互配合，逐步推动形成有利于创新的体制机制环境。从上述创新改革试验案例中，大致可以得出以下几点启示。

（一）各类创新改革试验必须统筹谋划、协同推进

区域协同创新是以区域创新要素自由流动为基础，通过推动要素和结构的新组合，突破发展瓶颈，释放发展潜能，实现区域创新效应最大化（祝尔娟，2015）。区域协同发展的核心是协同创新，协同创新以实现区域协同发展为目标。当前，基于省级层面构建的区域创新体系十分复杂，区域内部涵盖了不同类型的创新改革试验，主要以科技创新领域的先行先试为主。国家高新区、国家自主创新示范区、国家创新型城市、国家自由贸易试验区、全面创新改革试验区、国家级新区等各类试验互为支撑、联动发展，是推进区域创新改革试验的重要平台载体。系统推进全面创新改革试验专门指出，将继续发挥好现有各类改革试验的作用，强调既相衔接又相区别。因此，必须高度重

视对各类改革试验的统筹谋划，采取“一套班子、一种机制”协同推进，确保各类试点工作有序分工、有条不紊进行。

已有研究及实践案例表明，凡是创新改革试验比较成功的区域，往往比较重视各类试验区的统筹谋划，确保鼓励区域创新发展的各类政策能够形成集聚效应，而不是各自为政、相互打架，从而产生区域性政策壁垒。比如，上述案例中提及的广东省创新改革试验，就很重视这一点。结合建设全面创新改革试验试点省份，全力建设珠三角国家自主创新示范区，专门出台《推动珠三角国家自主创新示范区与中国（广东）自由贸易试验区联动发展的实施方案》。与此同时，结合粤港澳大湾区发展战略，按照全面创新改革试验要求，以制度创新推进三地全面开放合作，努力打造粤港澳协同创新共同体。

相反，一些创新改革试验相对滞后的区域，由于缺乏对区域协同创新的深刻认识，往往热衷于向上争取“政策性帽子”，而忽视了对已有先行先试政策的持续跟进。最为关键的是，由于各类政策之间的权属关系和适用边界不明确，如果地方领导缺乏有力担当和持续沟通协调，就容易导致各类试验平台载体较为分散，一旦有了最新的改革政策红利，往往就忽视了与既有政策衔接，业已谋划的一些先行先试政策也就难以有效落地。比如，上述案例中提及的京津冀地区创新改革试验，由于区域尺度跨越较大，行政层级相对复杂，在推进全面创新改革试验过程中，无论是整体试验方案制定过程，还是某一领域改革推进，都可能存在试验任务较为分散，与已有改革试验衔接缺乏有效衔接的情况。

（二）创新改革试验应注重示范引领与辐射带动兼顾

区域创新改革试验从以往的某一市级行政区域范围，逐步扩展到突破市级行政区划形成的城市群，再到全面创新改革试验推出的跨省级行政区域的京津冀和粤港澳地区，都更加突出各区域的不同特征。一方面，要突出核心区域的示范引领作用，特别是在省域尺度较大的地区，必须在试验任务设计上综合考虑已有基础好、具有明显优势的地方，使其能够承担更多的示范引领作用。另一方面，还要强调核心区域的辐射带动作用，避免创新要素资源过度集聚，从而影响其他试验区域的创新改革，尤其是一些拥有众多政策试验帽子的核心区域。

创新改革试验区试点既要考虑不同层次和领域，也要对试验区域范围内的空间尺度与试点功能做出有效划分。因此，必须注重示范引领与辐射带动兼顾，合理明确创新改革试验区域内的功能定位，拿出各自区域具体改革举措，使各地政策能够有效融合，努力弥合试验区域内部的政策鸿沟。当前，以科技创新为核心的创新改革试验在不同层面分区推进，其中最为显著的一点，就是跨行政区域特征日趋明显，这不仅是解决新时期区域协调发展战略的主要抓手，也是打破区域市场壁垒、促进要素市场一体化的重要手段。但是，从已有推进的各项创新改革试验进展看，无论是广东省还是京津冀地区，在兼顾示范引领与辐射带动方面还有进一步改进的空间。

从调研实际情况看，广东省创新改革试验的示范引领区在深圳、广州，主要依托国家自主创新示范区和国家自由贸易试验区两大平台，与香港、澳门的科技合作项目及相关政策互认也仅限于这些区域，相比之下，依托珠三角其他 7 个国家高新区的地市在科技创新平台布局、改革举措力度等方面显得较为薄弱，深圳、广州对于珠三角、粤西北区域的辐射带动作用不足，粤港澳区域合作的空间仍然较小。京津冀地区创新改革试验中，以北京中关村、天津滨海新区为核心的示范引领远远大于其对京津冀其他地区的辐射带动作用。尤其是北京作为全国科技创新中心，是全国创新成果涌现较密集的区域，也是最大的技术商品、信息集散地和国际技术转移中心。正是因为这些创新要素资源的过度集中，使北京对其周边产生巨大的虹吸效应，而辐射作用则主要集中在消费性外溢。同时也应看到，已有改革举措开始在河北省石家庄、廊坊、保定、唐山等地推广，特别是雄安新区的设立，将对河北省创新改革试验产生重要影响，逐渐形成以北京中关村、天津滨海、河北雄安为核心的京津冀协同创新发展新格局。

（三）创新改革试验的关键在于激发创新主体活力

近年来，各类创新改革试验逐步推进，许多区域的先行先试政策对企业创新具有促进作用，但总体上企业创新意愿还不高，创新型企业少，大力从事技术创新的企业更少。与此同时，高等院校、科研院所由于受到体制约束，人才自由流动及相应的激励机制尚未真正建立，科技成果转化缺乏有效的中介服务支持，加之外部市场环境监管不力，使得整个区域创新体系建设还存在一些问题。与创新型国家相比，我国尚未形成市场导向的创新激励机制，创新与竞争的制度土壤还不丰厚。市场机制不健全导致的创新抑制和激励不足，是我国实现经济转型和创新发展的一大障碍（马名杰，2017）。创新改革试验就是通过体制机制创新为科技创新破除制度障碍，最大限度地激发企业、高等院校、科研院所、中介机构等不同创新主体活力，其关键还在于建立健全符合市场导向的创新激励机制。

广东省创新改革试验的核心聚焦创新创业人才和新型创新平台。一方面，通过开放式创新面向全球集聚创新创业人才，探索构建激发人才归宿感和内在潜力的激励机制。比如，出台的“孔雀计划”“珠江人才计划”等鼓励性政策，着力突破限制人才出入境壁垒，推进专业技术职称制度改革，积极开展粤港澳职业资格互认。另一方面，突破现有组织框架组建各类新型科技创新平台，探索构建激发组织运转效率和集聚效应的激励机制。比如，出台《关于支持新型研发机构发展的试行办法》等政策措施，鼓励香港高校、科研院所和广东的科研机构联合搭建创新平台，着力打造多个链接全球创新网络的国际合作平台。

京津冀地区创新改革试验的核心聚焦创新联盟和示范园区，都是从激发创新平台活力的角度开展政策试点。比如，联合相关高校、科研院所、政府部门、企业成立以科技服务和技术转移为特征的创新联盟，按照“政府引导、市场化运作、优选服务”的机制，打破区域资源壁垒，促进联盟运作的灵活性和多样性。又如，为充分发挥中关村的示范带动作用，鼓励跨区域并购、构建园区等区域合作模式，创新科技园区行政管理体制，逐步形成“一区多园”的创新发展载体，不断激发示范园区的创新活力。此外，京津冀地区还采取“腾笼换鸟”，通过产业转移完善区域创新布局，有序疏解北京非首都功能，不断提升新型科技园区服务支撑和辐射带动作用。

（四）不同类型区域的创新改革试验路径有所侧重

从已有改革试点推进方式看，不同类型的改革试验在方案设计、组织架构、推进程序等方面具有相似性。然而，在具体的试验路径，或者说是主导方式和改革侧重点上存在差异，这主要取决于特定区域发展环境，区域创新改革试验亦是如此。本文选取的两个案例，虽然都是跨行政区域，也面临区域协同创新的考验，但两个区域无论是在创新要素资源分布，还是在创新发展理念上都明显不同。广东省作为我国改革开放的先行地区，创新改革试验具有明显的市场主导色彩，它更多地鼓励基层大胆探索。相比之下，京津冀地区作为我国北方的重要城市群，行政资源、创新资源过度向北京集中，创新改革试验的政府主导色彩较为浓厚，试点探索步伐往往受制于行政体制制约。

具体而言，广东省利用其独有的地理资源和制度禀赋，通过构建高水平开放创新机制，着力打造开放型区域创新体系，以适应新时期创新要素流动加速、区域经济合作加快、地区间创新能力竞争加剧的新形势，努力营造有利于创新活动的良好环境。因此，广东省率先提出创新驱动转型升级新理念，研究制定创新量化考核办法，出台加快对外开放水平的一系列政策措施，将广东自贸试验区三大片区、两大国家级自主创新示范区布局于珠三角，着力构建珠三角开放创新转型升级新高地。纵观近年来广东省创新改革试验进程，充分凸显了以开放创新为特色的市场主导模式，这也正是基于自身的区位条件、主导产业现状和产业升级方向、珠三角地区的创新网络演进等因素，确定了建立在高水平开放创新机制下的区域创新发展战略。

京津冀地区被视为国内科技智力资源和创新资源最密集的地区，通过依托北京科技创新中心，着力打造京津冀协同创新共同体，不断缩小经济发展水平和创新要素差距，最大限度破除体制机制束缚。相比而言，虽然广东省与香港、澳门之间的合作也存在跨区域特征，而且还面临不同的社会发展制度，但粤港澳三地具有先天优势，市场开放程度高，受行政体制机制约束相对较少。因此，京津冀地区要实现协同创新发展，就不能站在各自“一亩三分地”立场，而要通过寻求更高层级的权威形成三地协同，实现创新驱动发展。纵观近年来京津冀地区创新改革试验进程，更加突出以协同创新为特色的政府主导模式，至少说是在京津冀协同发展战略初期，政府主导具有十分重要作用，市场力量更多体现在中观层面。

执笔人：龙海波　熊鸿儒　郭　巍

第五章

区域创新改革试验的推进机制及路径选择

确保区域创新改革试验有序进行，需要设计一套有利于营造良好创新氛围、有利于区域创新体系建设的推进机制。总体而言，已有的制度设计有利于进一步简政放权，增强区域创新活力，但也存在制度协商成本过高、任务推进过于碎片化、改革风险驾驭能力不足等问题。当前和今后一个时期，把握区域创新体系建设的新趋势，是实现区域创新改革试验的前提条件。因此，要充分考虑创新政策制定的有效性、创新政策实施的整体性、创新政策推进的联动性，处理好顶层设计与地方探索、改革先行与法规滞后、边界约束与自由裁量、推进改革与责任担当四对关系，进一步明确区域创新驱动发展不同阶段的要求，着重从政策体系整合、政策供需匹配、政策有效落地、政策推广路径四个层面推进制度设计。

一、区域创新改革试验已有推进机制评述

区域创新改革试验是基于构建特定的区域创新体系，从营造良好创新环境出发进行的一种制度安排探索。这种带有探索性质的改革试

验推广的最大挑战不仅在于如何科学评估改革成效，更为重要的是如何设计一套良好的改革试验推进机制，尤其是在政策传递路径、政策落实反馈、组织实施方式、改革担当意识等方面。因此，需要针对不同类型的区域创新改革试验，尤其是以科技创新为核心的试验，就现有的推进机制特点及面临的问题进行阐述。

（一）政策传递路径：协商基础上的层级式输出

当前，我国区域创新总体水平不高且具有明显的梯度性，经济发达区域肩负着带动周边区域协同创新的艰巨任务，而经济欠发达、发展环境欠佳的落后地区则面临发展动力转换不畅的现实难题。在此情况下，区域创新改革试验的推进程度必然参差不齐，其中最为关键的在于政策传递路径是否畅通。以科技创新为核心的改革往往都是在顶层设计的指导下进行的，无论是具有较高政策含金量的国家自主创新示范区，还是赋予体制机制创新先行突破的全面创新改革试验区，都是在中央指定试点内容基础上自上而下逐步推进的，地方政府的先行先试也是在与上一层级政策管理部门多次沟通协商基础上展开的。根据前述关于我国公共政策扩散模式的总结分析，现有区域创新改革试验的政策传递路径大致遵循的是“吸纳—辐射”政策扩散模式，但也是基于自上而下相互协商的结果。

这种政策传递路径允许地方政府在一定范围内先行先试，特别是突破现有法律法规的政策创新需要征得上级部门的许可，这个过程也是基于区域资源禀赋和领导驾驭能力的沟通协商过程。由于区域创新水平的差异，以及地方政府资源汲取能力不同，协商制度成本和政策传递效率可能会受到相应影响，不可能要求所有区域的改革试验试点同步推进。特别是对于创新发展而言，更需要体制机制和政策上的突破，金融、科技、知识产权等领域尤为重要，这些都是区域创新改革的主要方面，涉及统一市场形成和各种要素的集聚、辐射、公平市场环境营造等，也是区域发展必不可少的。然而，这些领域的改革试点推进较慢，涉及的政策突破十分有限，许多含金量高的政策措施迟迟得不到批复，直接影响了改革试验的成效。

比如，在粤港澳区域创新合作中，创新要素跨区域流动的制度障碍尤为突出，科研经费的跨境使用、人才资格的互认审批、科研设备报关涉及的关税减免等，这些方面仍然需要争取国家部委的支持，逐级授权式的政策试点实施仍面临法律冲突、风险责任、利益权衡等方面的阻碍。又如，国务院已明确规定将中关村部分先行先试政策在全国范围内推广，涉及税收优惠的 4 项政策在所有国家自主创新示范区和绵阳科技城内推广，然而，各地在具体政策执行过程中仍然坚持逐级沟通协商，自上而下地推广实施。总体来看，现有的政策传递路径能够将政策试点风险控制在最低范围，通过多次协商沟通将普遍达成共识的政策条款授权实施，但对于改革试验的关键领域和重点政策却缺乏有效沟通机制，政策传递的路径链条过长、制度性成本过高。此外，由于不同层级政府的权责不一致，试点政策出台的束缚要求过多，不利于地方探索的深入推进，在一定程度上也延缓了区域创新改革试验的进展。

（二）政策落实反馈：典型宣传与有限评估的结合

改革试验的最终目的是鼓励地方先行先试，将一些含金量较高、制约区域创新发展的关键性政策尽快落到实处，让试验区域内的利益相关者都能享受改革红利，真正打通政策落实的“最后一公里”。换言之，政策落实的反馈成效直接影响到改革试验的推进程度，同时也与政策的传递路径密切相关。一方面，政策试点从顶层授权到具体操作层面需要根据实施范围逐级下达，它与政策传递路径基本一致，基本遵循自上而下的层级输出；另一方面，政策落实反馈主要依据各地政策实施的具体成效，采取宣传报道和政策评估相结合，通过多种渠道推进政策落实成效。可以说，政策落实反馈是改革试验推进机制的重要一环，无论哪种形式的改革试验，都离不开政策实施的有效反馈，特别是在区域创新改革试验中，跨区域政策试点的趋势日益明显，制度创新与政策推广的难度也逐步加大。

现有反馈机制主要针对实效明显的案例进行宣传，而一些政策落实不到位、实施效果不明显的地方很少提及，这在一定程度上会导致宣传推广的片面化。调研中许多干部反映，近年来跨行政区域的创新改革试验越来越多，许多政策落实需要体现协同性，但在具体反馈过程中仍然是各自为政，各地制定各自的推进方案、各地宣传各地的经验做法，对存在的问题自身很少提及，大多还是通过第三方评估提出的。现有区域创新改革试验中，一些受益的企业和科研院所大多科研基础较好、竞争实力较强，还主要集中在政策试点的核心区域，比如东部沿海发达城市、改革试验省份的省会城市，以及部分创新氛围活跃、创新资源集中的区域中心城市。相比之下，许多三四线城市的企业和科研院所虽然也在政策试点范围内，但其政策落实的效果可能会大打折扣，有些地方甚至都没听说有此类政策，改革创新步伐相对缓慢。

上述调研中反映的问题并非个案，这也从另一个侧面反映了当下政策落实反馈机制还不完善，虽然十八届三中全会以来国务院推行了第三方评估制度，对涉及重大改革的若干政策领域开展第三方评估，各方面也取得了积极成效，但现有评估方法和评估领域仍十分有限。

以区域创新改革试验为例，有关方面也先后对国家高新区、先行先试的几个国家自主创新示范区政策绩效进行了评估，但在涉及科技成果转化、人才激励、知识产权保护等方面推进较为缓慢，许多政策障碍尚未真正解决，个别案例取得的成效主要依靠领导的担当精神。总体来看，以典型宣传和有限评估相结合的反馈机制在区域创新改革试验推进过程中发挥了积极作用，特别是在总结地方探索、鼓励基层创新方面较为成功，但对于基层尤其是科技企业、科研院所等利益相关方的政策诉求回应相对较少，政策落实反馈往往只注重个别典型案例。试点政策是否真正惠及授权范围内所有相关方，政策推广是否具有可持续性，具体政策实施是否存在标准不统一，这些都是现有推进机制尤其是反馈层面值得关注的问题。

（三）组织实施方式："碎片化"的任务分解

选择适合区域创新发展的改革试验组织方式，是政策传递路径和落实反馈顺畅的重要保证，也是创新驱动发展治理模式的转型需要。推进区域创新改革试验是一项系统工程，关键是要构建一套高效、便捷的组织架构和运作流程，这一组织实施方式与当前政策试验的特点密切相关。政策试验通常具有以下特点：①试验预期目标和政策实施方式是中央与试点主体之间通过协商确定；②试点主体对于如何落实政策有较大的自由裁量权；③试点主体的自由裁量权是在定期向授权主体汇报情况基础上确立的；④政策试验的目标、标准和程序在试验过程中不断修正。正是基于上述特点，当前推进改革试验的组织方式大多采取成立专门工作领导小组，各职能部门对改革试验的各项任务进行层层分解，凸显了长期以来我国改革创新过程中的"碎片化"特征，即体制机制创新与科技创新试点在条条治理模式下各自独立、缺乏政策整合与系统性。

具体而言，改革试验在完成顶层设计后，通常以授权部委的名义下发各类示范（试验）区、试点改革方案批复文件，有些改革关联性较强、涉及体制机制创新的改革试验也会以中办、国办名义下发，以提高改革试验的权威性，但具体协调部门仍然以中央部委为主。比如，国家自主创新示范区是经国务院批准由科技部牵头实施的；全面创新改革试验区是经全面深化改革领导小组批准由国家发展改革委、科技部联合牵头实施的。在地方层面，通常按照改革试验区域范围逐级成立由相关部门联合组成的改革试验领导小组，负责一些重大改革试点的具体实施，根据改革举措由相关职能部门逐级进行分解，涉及多个职能部门的改革举措往往联合实施。需要注意的是，近年来国家批复的创新改革试验跨行政区域特点更加明显，然而，这种以“碎片化”任务分解的组织实施方式已经难以适应区域创新改革试验的新要求。比如，苏南、长株潭、珠三角等 9 个以城市群为基本单位的国家自主创新示范区在具体推进过程中，虽然在省级层面也成立了相应的工作领导小组，但实际操作层面仍然是以各地方政府为主，在省级领导小组总体框架下各自开展政策试点，区域之间的政策沟通缺乏有效协调，或者说这样的组织架构和运行机制在协调跨区域创新改革中的制度成本较高，而且很难满足科技企业、科研院所的政策诉求。

此外，各类改革试验接踵而至，一些地区同时承担多项创新改革试点，拥有多个先行先试的许可，但在具体实施过程中地方很难把握试验的本质内涵，往往都是以往各部门推行政策的“大杂烩”，加之有些地方为了树典型、出政绩，领导小组层面的工作机制主要是以程序性规程为主，缺乏对改革方案的系统思考。比如，广东省目前全面创新改革试验方案提出的116项改革举措并不都是在试点批复后才形成的，很多条举措是已有政策的延续，只不过现在放在这样一个框架下实施起来更有据可依。此外，国家部委层面授权的改革试点落地相对缓慢，涉及跨部门的政策突破更为困难。

（四）改革担当意识：地方主要领导的风险驾驭

在创新改革试验推进机制中，如果说政策传递路径、政策落实反馈和组织实施方式是硬机制，那么改革担当意识可以看成是一种软机制，它虽然不是推进机制设计本身能够解决的，但地方领导尤其是主要领导的担当意识却是决定改革创新试验推进力度的关键性因素。习近平总书记多次强调，责任担当是领导干部必备的基本素质。当前，影响领导干部担当意识主要体现在一些“破旧立新”的试验性改革上，即使是中央批复的各项政策试点允许先行先试，但在面对突破现行体制和法律法规时却有所顾虑，必须要与中央部委多次沟通请示，避免因地方擅自决策而承担责任。如果地方主要领导干部缺乏对改革风险的驾驭能力和谈判沟通水平，那么改革担当意识也就成为一种空洞的口号。

随着创新改革试验进入深水区，有很多难以预见的风险与挑战，地方主要领导更应有强烈的历史责任感、时代紧迫感、使命担当感。特别是涉及跨区域协同创新方面，地方政府间合作的紧密程度直接决定了创新改革试验的协同性。通常来讲，跨行政区域创新改革试验的范围越大，往往改革协商的成本就会更高，相比在单一行政区划范围内的改革试验，推进难度也会更大。比如，正在推进的京津冀全面创新改革试验就面临诸多困难，这一区域各种要素流动面临的障碍最多、困难最大，而且自身区域发展极不平衡，三地之间主要领导协商沟通很难在同一平台对话，很大程度上改革担当意识让位于政治考虑。因为这种担当意识不仅体现在地方主要领导行政区划范围内对各项政策试验的风险驾驭能力，还包括与承担类似创新改革试验的地方政府谈判沟通水平。

纵观近年来有关区域创新的改革试验，许多改革试验都强调紧密围绕创新驱动发展转型目标，依靠改革推进创新，要从以往依赖政策优惠转变到制度创新。创新改革试验区域要从享受政策优势转向享受体制优势。在这种情况下，突破现行体制和政策，成为新时期各项政策试点中最为常见的改革寄语，同时也是提醒改革试验地区的领导者，要对试点进程中新政策与旧制度之间有可能产生的摩擦和矛盾做好风险预判准备。源于试点而来的多样化政策共同运行的结果可能会造成试验性政策与已有法律法规之间的摩擦和冲突，破坏法律的统一性和完整性。[①] 总体而言，一些核心领域和关键环节的政策突破进展缓慢，即使一些政策试点效果很好，比如职务科技成果转化、创新创业孵化机制等方面的政策在一些改革试验区中成效显著，但由于相关法律法规尚未及时修正或废除，使得在更大范围内推广仍面临许多制度性障碍。

二、新时期推进区域创新改革试验的主要思路

随着创新改革试验的逐步深化，各项政策试点项目先后推出，各类创新示范区政策相互叠加、不同创新政策融合较弱等特征更加明显。在这种情况下，区域创新改革试验面临的外部环境更为复杂、各

① 张建伟：“‘变法’模式与政治稳定性——中国经验及其法律经济学含义”，载《中国社会科学》2003年第1期。

种困难挑战也会更多。从已有推进机制的制度设计看，这种以顶层设计为试验依据、地方政府“块块”结构为主体的试验模式，有利于进一步简政放权，增强区域创新活力，形成可复制的改革经验，但也存在制度协商成本过高、任务推进过于碎片化、改革风险驾驭能力不足等问题。因此，需要深入谋划新时期区域创新改革试验的总体思路，明确不同阶段推进改革试验的具体抓手。

（一）推进区域创新改革试验的新特点

当前，区域创新改革试验类型众多，试点政策协调部门较为分散，更为重要的是，不同类型试验所涉及的区域相互交叉，使得不同区域政策之间的统筹协调性不够，往往同一区域内被赋予多种“政策性帽子”，但各项政策的协同叠加效应未能较好发挥。这不仅包括科技创新政策体系内在的冲突，比如互为前置条件、试点步伐不一致，还包括创新政策与产业、贸易政策等方面的不协调。究其原因，主要是区域创新改革试验的政策目标设定过多，许多创新政策具体落实的主体不明确，加之各级政府部门领导的改革担当精神不够，始终将试点政策的风向往上看齐，缺乏对科技中小企业、科研院所、创新创业机构长期呼吁的具有普遍性和关键性问题给予积极响应，从而导致许多核心改革举措一拖再拖、迟迟下不了决心。

推进改革试验既要有好的改革方案设计，包括顶层设计和配套改革举措，也要有好的推进方式，二者相辅相成、缺一不可。制定科学可行的改革试验方案是改革成功的前提，寻求科学有效的推进机制是改革真正落地的重要保障。在谋划创新改革试验的总体思路时，首先要把握好创新改革试验面临的外部环境变化，一些较为显著的特点表现在：国家近年来批复的各类政策性试验区明显增多；试验区的范围由单一行政区域扩展到跨几个行政区的城市群层面；区域创新改革试验逐步由各地积极向上争取优惠政策试点转为中央指定部分区域实施改革试验；覆盖整个试点区域的保障性政策和区域合作机制尚未真正建立。总体而言，中央政府选择试点地区的过程与各个地方政府间争取试点机会的过程交织在一起。在由“争取”所引发的试点项目启动过程中，中央政府的推动力度和地方政府间的竞争强度都较高。[①] 虽然新时期在部分区域推行的全面创新改革试验的方式有所调整，但其向上争取优惠条件和具体政策项目的初衷没有改变。

（二）整体谋划改革试验要处理好几对关系

一是顶层设计与地方探索的关系。创新改革试验顶层设计虽然已有明确目标指向和试点范围，但在具体探索中离不开有关配套政策的衔接，这不仅关系到相关部门机构的职责调整，还需要协调多方利益关系，涉及有关法律法规调整。调研座谈中有部门反映，创新改革试验领域的部分改革措施上下衔接不顺畅、不配套，比如，股权激励政策实施过程中面临国家有关税收政策不配套和国有资产管理限制而难以落实，技术成果作价入股仅在北京中关村等少数地区试点实行延迟纳税。此外，目前顶层设计还缺乏总体进度安排，有些没有直接公开具体时间节点，有些虽然设定了时间节点，但推进节奏有些急于求成，导致一些地方改革跟不上进度，比如目前在部分区域推进的全面创新改革试验。顶层设计虽然鼓励地方先行先试，但是风险与责任缺乏明确界定，加之各地发展水平不同、体制机制设计有差异，这些都影响着地方探索的积极性和成功可能。深化区域创新改革试验，应当明确

① 周望：《中国“政策试点”研究》，天津人民出版社 2013 年版，第 106 页。

改革具体路径和时间节点，重视先行先试改革的区域差异性，充分考虑改革可能带来的利益关系调整，对改革可能涉及的部门应建立有效、通畅的上下对口连接机制，防止因个别环节配套措施不完善而影响整体改革进程。

二是改革先行与法规滞后的关系。要让更多创新型企业和创业者获利，关键是通过改革消除抑制创新的制度和政策壁垒，降低创新成本，保护创新权益。然而，创新改革试验的重点难点也在于此，有序推进改革要在现有法律法规框架下进行，但法律关系调整始终滞后于改革也是不争的事实。目前，反映比较突出的创新政策执行效果不佳、政策有效性尚不完善等问题，都与法律法规调整滞后有关。如何处理二者之间矛盾冲突地方各有套路，这在客观上导致了改革进展不一。比如，有的地方勇于承担风险尝试，大胆突破部门规章约束；有的地方改革担当意识不强，即使政策操作层面做了修改，基层部门负责人仍然依据规章条例行事。此外，还有部分创新政策受上位法限制，省级层面地方政府一时难以处置，仍需与相关部委沟通协商获得授权。推进区域创新改革试验，必须处理好“依法改革”与“改革变法”之间的关系，最大限度减少行为冲突性。在加快部分法律法规修改进度的同时，探索按照法律的效力层级建立相应授权改革机制，减少地方和部门改革“踩红线”“打擦边球”现象。比如，法律效力层级较低且不属于重大事项修改调整的要实现充分授权。

三是边界约束与自由裁量的关系。现有改革方案设计通常以“总体改革方案—区域实施方案—具体配套政策”方式展开的，其推进方式离不开各部门、各层级之间的有效沟通，以及组织实施架构的合理安排。从已有创新改革试验的制度安排看，不同层面的改革方案的政策试点都有各自的边界约束，主要指出哪些领域可以先行先试，但总体缺乏对具体政策的裁量权。比如，许多试验改革方案中都会涉及科技成果转化、创新要素开放，但科技成果转化的收入分配、税收减免等政策却没有明确，等等。这些具体层面的政策推进使得不同区域内地方政府有了更多的自由裁量权，关键在于如何用好用活裁量权。通常来讲，主要取决于条块分割体制下的权责匹配是否恰当、地方领导干部是否敢于担当、勇于试错。调研中发现，目前改革方案设计越往上政策表述越模糊，而基层部门在具体执行政策中往往选择从严把握，一些含金量较高的创新政策也就无法真正落地。此外，许多政策自上而下对应多个部门，容易出现多头审批、监管交叉等问题。在区域创新改革试验推进过程中，必须加强跨部门、跨主体间有效沟通协调，探索实行“权责相适、边界明晰”的职责分工机制，进一步强化自由裁量权使用的科学性、合规性，最大限度避免政策的试错风险。

四是推进改革与责任担当的关系。当前，推进改革往往是说的多、做的也多，但实际落地的政策却很少，部分政策在实施过程中容易出现偏差。究其原因，主要是各级领导干部特别是主要领导的责任担当不够，基层工作人员缺乏有效激励，在一定程度上阻碍了区域创新改革试验的有力推进。区域创新改革试验涵盖创新政策各个方面，如果不能很好协调创新政策内在关系，政策的稳定性和透明度就会受到影响，在此过程中存在的改革风险可能随之增加。调研中也有反映，很多地方领导干部不愿意担当，主要还是与现有的创新改革试验推进方式有关，虽然在改革方案设计中明确了试点目标，政策实施层面也存在一定的自由裁量权，但在具体决策过程中的上下沟通协调机制不利于很好发挥改革担当精神，各级官员尤其基层干部的干事创业活力也相应受到影响。习近平总书记多次提出，要按照“三个区分开来”的要求，要保护那些作风正派又敢作敢为、锐意进取的干部。

在区域创新改革试验中，推进改革与责任担当必须相互促进，解决好各级领导干部担当背后的免责机制和激励机制，把握好不同利益的平衡性。只有这样，才能把大家的积极性真正调动起来，把改革逐步推向深入。

（三）推进区域创新改革试验的总体思路

当前和今后一个时期，以科技创新和改革发展为核心试验区要成为制度创新源、改革试验田和开放新高地，同时也应赋予其为区域创新驱动发展探索新途径、积累新经验的国家战略使命。以“国家高新区—创新型试点城市—国家自主创新示范区—全面创新改革试验区”为主要路径，各类国家级新区、自由贸易区和综合配套改革试验区为有力支撑的全方位、多层次、宽领域的区域创新改革试验格局逐步建立，不仅促进了区域经济发展，也为地方探索创新政策试点、开展体制机制创新提供了有效载体。

推进区域创新改革试验，不再是以争取优惠政策为主，而是积极探索体制机制创新。制度变革具有“路径依赖”特点，制度创新面临主动放弃已经习惯的规则，打破原有的利益藩篱阻碍，而探索尝试新的制度规则还存在尚不成熟、不习惯甚至不可预期的系统性和操作性风险。与此同时，各种类型的创新改革试验区推出的可复制、可推广的制度和机制也不是一蹴而就的，需要分批试点、分步实施，某些领域的压力测试、风险测试需要超越已有试验区。因此，必须把握好创新政策制定的有效性、创新政策实施的整体性、创新政策推进的联动性，在跨区域改革试验中全面深化各项改革，不断实现政策优惠向制度性红利转型。

综上所述，推进区域创新改革试验的主要思路是：围绕构建开放型区域创新体系的总体目标，准确把握创新要素在跨行政区域乃至全球范围内流动的新特征，进一步理顺政府与市场在创新资源配置中的关系，更加注重创新改革试验框架与具体创新政策的有效对接，尤其是不同试点政策之间的内在关联性，更加强调领导干部的担当精神和有为意识，逐步构建起解决跨区域要素流动与利益分享的特殊保障机制，以及以市场需求为导向、改进政策供给质量的实施机制。具体抓手有：一是打造科学完备的政策供给链，解决不同部门、各类试验区与有关创新政策的简单堆砌问题；二是构建条块顺畅的有效沟通机制，解决政策传递路径过长、政策供需不匹配问题；三是探索统分结合的新型组织方式，解决改革各自为政、相互掣肘弊病，以及政策落地效果不明显等问题；四是以改革担当精神推进体制机制创新，解决政策试验可复制、可推广机制的传统路径依赖问题。

三、区域创新改革试验的具体抓手及路径选择

在新的历史条件下，区域创新改革试验既面临难得的机遇，同时也面临巨大的挑战，如何有效抓住全面深化改革的窗口期，把握区域创新体系建设的新趋势，是实现区域创新改革试验的前提条件。要在全国示范性走出一条以科技创新为核心，促进区域协同发展的创新之路，必须推动全面创新改革，建立健全区域创新体系，促进资源合理配置、开放共享、高效利用，进一步突破行政区划和体制机制限制，为区域协同创新共同体建设创造更加宽松的制度环境。因此，要按照区域创新改革试验的主要思路，明确创新发展不同阶段的特点要求，着重从政策体系整合、政策供需匹配、政策有效落地、政策推广路径四个层面推进制度设计。

（一）政策体系整合层面：打造科学完备的政策供给链

目前，我国虽已形成较为完整的创新政策体系和制度设计，但在实际操作过程中没有充分考虑区域创新环境的差异性，各类试验区内的政策试点相似性较多，政策之间的协调性、配套性不够，尤其是在实施进度上缺乏合理安排。比如，有些政策是部门拟开展试点项目的简单堆砌，有些政策可能政出多门、区域性差异明显，政策之间相互打架现象时有发生。总体来说，部分试点区域的创新政策条目比较分散，现有的政策供应链设计还不够完备，创新政策供给与市场需求缺乏有效匹配，市场机制配置资源作用尚未有效发挥，还存在较多的政策寻租空间，容易导致政策落实不到位，偏离区域创新改革试验的政策初衷。因此，必须合理运用政策工具和有效手段，围绕不同类型区域创新改革试验的重点问题、重点领域和重点任务，进一步整合政策供给体系，优化科技与创新资源的配置方式，增加有利于提升创新能力、完善创新环境的制度供给，特别是一些跨区域的政策设计要兼顾系统性、整体性与协同性，使之形成科学完备的政策供给链。

具体而言，主要包括：一是对现有政策试点类型进行分类，尽可能识别关联性政策之间的内在关系。围绕促进科技与经济深度融合开展的科技创新重大平台建设、科技成果加速转化、增强企业创新主体地位等方面，充分考虑区域创新要素整体布局和市场主体自身需求，选择上述几个重点领域进行政策整合，使其避免政策之间脱节、部分关键性政策缺失，以及部门政策重复或冲突等情况。二是创新改革试验的配套政策要实行统一归口，尤其是要打破跨行政区域的体制机制障碍，国家应注重发挥各地的创新积极性，把创新的差异性作为制度设计和政策制定的基本出发点。比如，对于涉及科技投入、税收减免等方面的政策供给，允许地方根据自身财力采取适当差异化举措，但同时也要避免由于地方利益驱动形成的准入壁垒。三是相关部门出台的政策细则应相互衔接、互为支撑，政策具体操作应进一步简化程序，除特殊情况不应设定较高的门槛。比如，以研发支出加计扣除所得税为代表的鼓励企业创新政策，就不应将享受减免范围限定于高新技术企业或是承担国家、省部级科技项目的企业。此外，创新政策设计要与各类创新示范区已有政策有效统筹。

（二）政策供需匹配层面：构建条块顺畅的有效沟通机制

创新改革试验的最终落脚点是让市场主体受益，全面激发市场活力和创造力。任何一项改革举措都应该以市场需求为导向，科学制定适用性强、效益佳的政策。在政策设计过程中要优先考虑政策的需求变化，按照不同类型改革试验的总体目标和企业创新生命周期变化，制定相应的支持政策及配套措施。即使构建了科学完备的政策供应链，如果不能很好把握市场需求，政策供需层面缺乏有效对接，也可能会导致创新改革试验效果不理想。调研中也有反映，企业不太关心国家批复了多少改革试验区、创新示范区，关键是在于真正享受到多少改革红利，哪些政策真正满足当下需求，而不是政策始终停留在中间阶段。从政策供需匹配层面看，鼓励创新发展的各项基础制度仍存在缺失或不足，导致微观创新主体缺乏创新动力。比如，知识产权保护仍有较大差距，产权激励制度改革滞后，相当一部分企业特别是高新技术企业，在现行法律框架下无法给予管理层和员工股权激励。因此，必须从优化政策传递和反馈路径两方面入手，重点围绕纵向层级上下沟通和横向层级平行沟通的关键环节，探索构建条块顺畅的有效沟通机制，解决政策传递路径过长、政策供需不匹配问题。

具体而言，主要包括：一是逐步改变政策渐次传递的沟通路径。特别是在鼓励地方先行先试的探索中，政策试验的授权方式应该倡导最高层级的“一次授权”，不论这种探索源自省级层面，还是更小范围的县乡层面，都可以直接传递到最高层级而不再逐级授权。更为重要的是，中央政府必须为地方自行探索、制定和实施各类具体政策及法律法规创造良好空间，相关部委的改革授权应坚持“有效区分、宽严相济”原则。二是不断提升跨区域创新合作政策延伸的顺畅性。一方面，创新政策设计要与各类创新示范区已有政策合理统筹；另一方面，保障性政策要处理好跨区域要素流动与利益分享的关系。要通过建立健全跨区域创新改革相关部门之间的会商机制，进一步推动区域间科技资源、产业资源的有效对接，尽可能避免政策内耗，最大限度提高政策执行的包容性。三是进一步增强试点政策与战略定位、市场需求之间的匹配度。地方政府在创新改革试验中必须坚持授权试点与基层首创相结合，既要做好与国家相关部委的沟通衔接，这主要是针对可能涉及突破现有法律法规的政策创新，也要积极听取创新型企业、科研院所、创业机构等各方意见，确保政策实施具有针对性。

（三）政策有效落地层面：探索统分结合的新型组织方式

当前，各类创新改革试验全面铺开，但真正使改革方案有效落地的试点方案却不多见，很多试点方式被滥用、扭曲，一些政策在具体实施过程中落实不到位。导致这些问题的原因，除了政策沟通机制有效性不足、政策配套体系不够完备，在很大程度上还与组织架构设置及运作方式不科学有关。现有创新改革试验仍然沿用“小组协调”

"运动推进"等方式，主要在领导小组框架下由各部门会商解决。由于这种机制主要以程序性规程为主，对具体实施缺乏强有力的领导和组织，已经不能适应新形势下改革发展需要，特别是在综合性区域改革层面表现尤为明显。比如，在全面创新改革试验中，国务院负责统筹总体方案设计、做出相关重大决策部署、部署推广试点经验等重大事项，发改委、科技部等部委负责督促落实、协调推进改革措施，但它们均不是或者说不完全是具体的制度创新实施主体，因此，在实际推进过程中往往面临许多实际困难。要确保区域创新改革试验的各项政策真正落到实处，必须从政策推进的组织方式入手，真正树立"一盘棋"思想，探索统分结合的"一体化"组织方式，解决部门条块分割、各自分散改革的弊病。

具体而言，主要包括：一是逐步扩展"领导小组"架构的执行操作职能，实现由决策协调到组织实施的一体化运作。确保政策有效落地，关键在于组织实施必须到位。由于政策执行是一个自上而下的过程，在组织架构设置中还必须考虑将上一层级有关职能部门统一纳入"领导小组"成员单位，从而建立政策有效落地的"制度化捷径"。在不新设具体实施部门的情况下，还应该适当扩展"领导小组"的职能，领导小组成员部门既承担相应层级总体方案设计批准，也肩负各项政策试验落地生根的全过程管理。二是探索跨区域部门领导干部交流任职方式，打破"一亩三分地"的利益藩篱。破除地方保护主义和部门自身利益对改革试验的掣肘，关键是转变思想观念、改变政绩考核"指挥棒"，充分考虑试点区域整体利益的最大化。特别是在涉及跨区域、跨部门的政策试点中，应当考虑"领导小组"及常设机构人员配置的多样性，比如，跨区域不同层级的改革试验领导小组成员的交叉任职、双向任职，不断缩小部门利益偏差和区域性政策障碍。三是推动相应的行政管理体制改革，将放管服改革逐步引向深入。有了稳定的组织架构还要有顺畅的运作机制，现有的各项机制没有很好把握上级授权与改革自由裁量之间的关系，制度创新的空间越往基层越小，许多政策打架、政策空转等问题也都出自于此。妥善解决这些问题，根本上还应从深化行政审批制度改革入手，重点处理好“集中授权与适度放权”“协同并行与责任划分”“监管责任与能力匹配”“行政行为与考核激励”四对关系，努力在强化改革联动、减少政策冲突、提高有效激励上取得实效。

（四）政策推广路径层面：以改革担当精神推进体制机制创新

政策由试点区域逐步向更大范围推广，是考察创新改革试验是否最终成功的重要因素。根据对已有政策扩散机制的分析，主要包括模仿机制、学习机制、竞争机制、强制机制和公共压力机制五种。在区域创新改革试验推进中，通常不是单一机制驱动就能实现的，而是多种机制共同作用的结果。作为决定改革创新试验推进的关键，领导干部的改革担当精神在全面深化改革新时期尤为重要，是政策推广过程中多种机制相互配合、共同作用的纽带。当前，政策试点没有在更大范围推广，或者说是政策扩散进展缓慢，除了上述三个层面提及的原因之外，还与地方领导尤其是主要领导的改革担当意识不足有关，一些地方等、靠、要的思维没有改变，体制机制创新不足导致许多创新改革试验名不副实，最终成为一种名头摆设。从历次区域创新改革试验看，都特别注重促进区域发展的制度性安排，比如创新要素流动、创新环境营造、科技平台构建、创新协同发展等，但是，上述这些改革试验很少涉及改革担当精神的具体表述，与之相关的包容机制、免责机制缺乏可操作性，使得一些创新改革试验区仍处于长期等待观望状态。因此，必须进一步强化改革担当意识，探索促进领导干部敢当、敢作为的有效激励和容错试错机制，不断推动区域创新体制机制创新，解决政策试验可复制、可推广机制的传统路径依赖。

具体而言，主要包括：一是进一步明确改革试验的容错免责和有效激励机制，充分调动干事创业领导干部的积极性。要使领导干部在关键改革举措上拿出实招，就必须打消瞻前顾后的观念，坚持“三个区分”明确容错免责情形。比如，对于属于缺乏经验先行先试、上级尚无明确限制的探索性试验或者是为推动区域创新发展的无意过失等情形的，可以对有关单位和个人应当免于追究责任，或者从轻、减轻处理，广东、浙江等省目前已在探索试行中。与此同时，还应从改变领导干部考核机制入手，拓宽职业晋升通道，坚持物质激励与荣誉激励并举，逐级建立完善相应配套措施。二是充分考虑政策扩散过程中的适用性风险，合理区分制度依赖和要素禀赋对政策推广的影响。要确保各地探索形成的改革试验成果的可复制、可推广，必须把握好这些成果所依赖的要素环境和制度土壤是否具有显著差异性。建议对目前已落地的改革试验成果进行分类，认真梳理哪些是通过向上争取政策优惠形成的“政策洼地”，哪些是依靠自身体制机制创新有所突破的，哪些是具有某种外部条件约束的，在此基础上做出政策推广的具体路径选择。三是加强对有关创新改革试验的第三方评估，为领导干部科学谋划改革、有效参与决策提供有力支持。提倡领导干部责任担当，并不意味着不需要考虑任何改革成本和风险，只凭一腔热血、一股冲劲就盲目决策，而是强调在改革风险总体可控、能够在有效增强人民群众获得感的领域加快改革试验进度，不必纠缠于细枝末节和繁琐的程序性事务。因此，要进一步完善改革试验的第三方评估制度，有关部门更加重视对评估结果的运用，不断改进评估方法和手段，既要注重总结基层探索经验，也要找准影响政策推广的症结所在，逐渐由“有限评估”转变为“有效评估”。

执笔人：龙海波

专题报告一

广东省创新改革试验的实践与探索

广东省既是我国改革开放的先行地区，也是观察当前经济转型最具代表性的地区。依靠“敢为天下先”的改革精神和“杀出一条血路”的改革勇气，广东省在上一轮改革开放的大潮中取得了举世瞩目的成就，更为全国树立了样板、提供了经验，成为区域创新驱动发展的“试验田”。近年来，广东省将创新驱动发展战略作为核心战略和总抓手，大力推进实施以科技创新为核心的全面创新，充分体现粤港澳大湾区的区位优势，在创新改革试验的体制机制突破上进行了有益探索。本专题报告基于实地调研，围绕“深化开放创新”系列重点改革进行分析，着重提炼一些有代表性、相对成熟的政策举措，并总结相应的经验启示。

一、广东省为何要坚持走开放创新的改革与发展道路

“开放创新”是广东省多年来转型发展的重要模式，也是新一轮转型期全面深化改革、加快实施创新驱动发展的关键路径。最先试点推进改革开放、也最先步入经济新常态的广东省，很早就预见到

了新一轮全面深化改革的紧迫性。2013 年，习近平总书记视察广东省时提出了“三个定位、两个率先”的要求，希望广东省不仅地区生产总值要支撑全国，结构调整也要支撑全国。广东省遵照总书记嘱托，迅速开启了以创新驱动为核心抓手，打造开放创新转型升级新高地的实践。

广东省不仅率先提出了创新驱动的转型升级新思路、新理念，而且率先研究制定了创新量化考核办法，出台了加快对外开放水平的一系列政策措施，更把广东自贸试验区三大片区、两大国家级自主创新示范区布局于珠三角，着力构建珠三角开放创新转型升级新高地。珠三角制造业版图悄然发生的转型之变令人鼓舞，2016 年经济增速超过粤东西北地区 0.4 个百分点，外界普遍解读为珠三角地区经历持续调整结构、转型升级的爬坡越坎，经济质量出现明显变化，呈现优化发展的新局面。

之所以坚持走“以开放促创新、促转型”的道路，主要原因在于广东希望利用其独有的地理、资源和制度禀赋，通过构建高水平的开放创新机制和打造开放型的区域创新体系，以适应新时期创新要素流动加速、区域经济合作加快、地区间创新能力竞争加剧的发展形势，进一步营造最大限度有利于创新活动的良好环境，实现区域创新能力的跃迁和经济发展方式的转型。

（一）基于区域创新理论的原因分析

一是开放式区域创新体系有利于本地化创新基础设施的升级与突破。创新基础设施既有“硬件”（如产业/企业、资本、公共基础设施等），也有“软件”（如科技、人才、信息等）。在封闭式区域创新体系中，更多关注硬件（如传统的一些大规模招商引资行为）；开放式创新体系则为软件基础体系突破提供了可能，通过引入外部研发服务、商务服务、设计服务、金融服务，实现高端技术和知识资源输入，提升知识基础支持能力和龙头企业创新能力。

二是开放式区域创新体系有利于跨区域的创新协同网络构建。开放式创新网络有利于知识和信息流动、新兴创新模式形成、高端资源和要素集聚，实现探索性或突破性创新，打破区域内部创新路径锁定[①]。同时，通过与外部服务机构的合作和技术转移，实现科技成果的快速产业化，降低被同行模仿的可能和提高模仿成本，使得创新服务体系得以完善。

三是开放式区域创新体系有利于创新内生动力机制的完善。要完善创新动力机制，就必须要完善区域内部创新治理机制。治理可以是政府治理，但更有效的是集群内部的龙头企业治理、社群治理（即当地人格化信任机制的作用）和社团治理（即由区域内行业协会、企业家协会之类的治理）[②]。此外，开放式创新体系打破了原先网络结构、治理模式，既有利于解决技术模仿、知识溢出带来的创新负向激励，同时，也提高了企业之间创新协同的可能性[③]。

总的来说，区域创新体系是决定区域经济发展趋势至关重要的因素，区域创新发展模式受经济系统与空间区位因素的关系以及系统自身发展阶段所左右。广东的“开放创新”模式恰恰是基于自身的区位条件、主导产业现状和未来产业升级方向、珠三角地区的创

① Cooke P., Morgan K. The associational economy: Firms, regional and innovation [M]. Oxford: Oxford University Press, 1998。

② Todtling, F. Regional networks of high-technology firms-the case of the greater Boston [J]. Technovation, 1994, 14 (5): 349；朱海燕，魏江，知识密集型服务业嵌入作用于产业集群升级[J]. 中国工业经济，2010，223～236。

③ Cooke P., Regional innovation systems: Gerneral finding and some new evidence from Biotechnology clusters [J]. Journal of Technology Transfer, 2002, 27: 133～145。

新网络演进等因素，确定了建立在高水平开放创新机制下的区域创新发展战略。

（二）基于区域创新实践的原因分析

第一，广东省素以开放型经济为发展根基，创新驱动的经济增长模式具有显著的外向型特征。以高技术产品的进出口指标为例，广东省的规模优势十分显著。自2009年以来，广东省高技术产品的进、出口规模均保持了快速增长态势。2013年，进口超过2000亿美元、出口接近3000亿美元，占全国的比重均超过了40%。与北京、上海等地相比，不仅在绝对规模上大幅领先，也保持了相对规模的稳步提升（见图1、图2）。高技术产品的进出口是反映一个地区开放创新水平的重要标志，广东省外向型的经济发展优势奠定了其开放创新的基础。

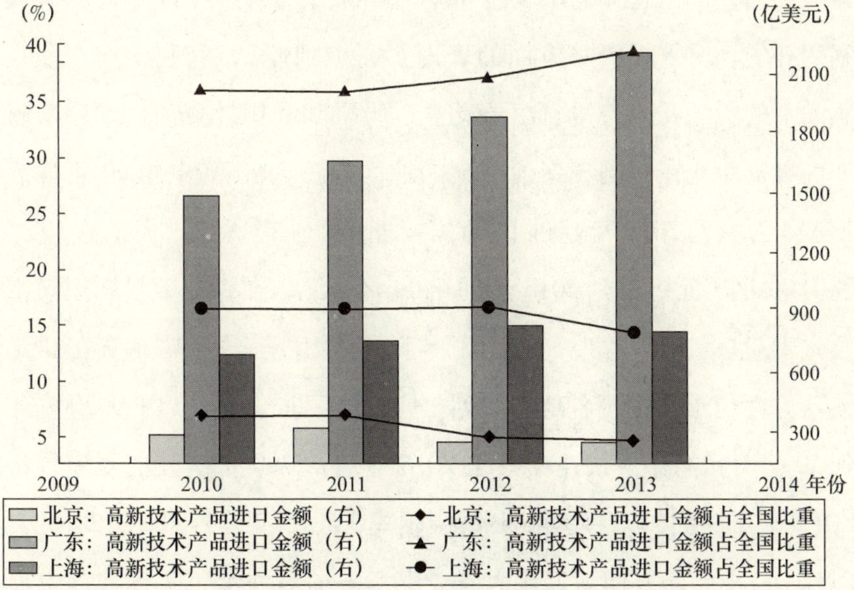

图1　京广沪三地高技术产品进口绝对规模和相对规模的对比

资料来源：Wind资讯。

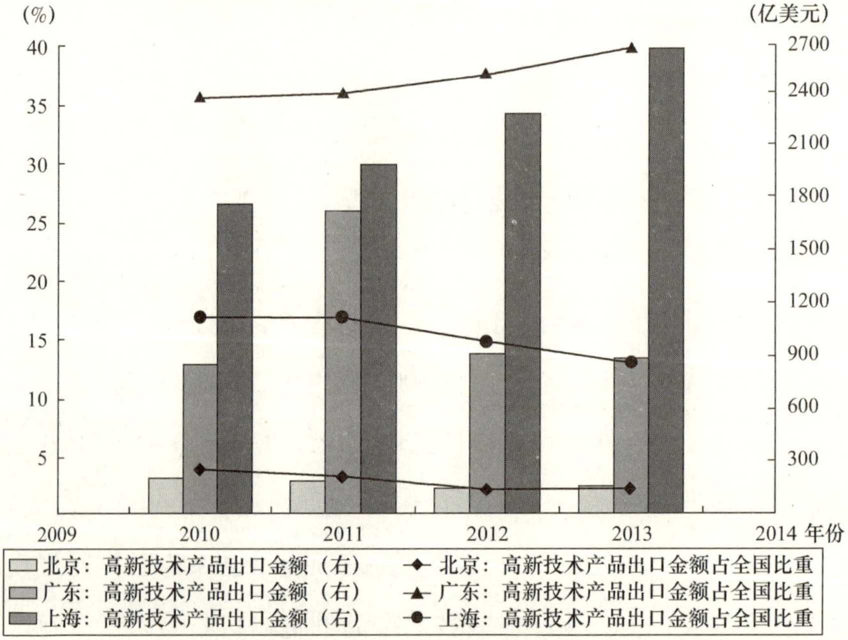

图 2　京广沪三地高技术产品出口绝对规模和相对规模的对比

资料来源：Wind 资讯。

第二，广东省作为中国经济对外开放的早期“门户”，在吸收和利用外资、对外投资等方面的表现“得天独厚”，有利于资本和技术驱动下的资源要素跨境自由流动。以吸引和利用外资为例，广东省是外商投资企业在中国集聚最密集的地区之一，自 20 世纪 90 年代起的超过 5 万家到 2015 年超过 11 万家，外资企业投资总规模也从 1994 年的 1800 亿美元上升到 2015 年的 6400 亿美元，在企业数量和规模上均领先于北京、上海等地（见图 3）。除了“引进来”，广东省在“走出去”方面也走在中国各地区前列。广东地区非金融类 FDI 从 2006 年不到 50 亿美元的存量快速攀升至 2015 年超过 700 亿美元的规模，年均 FDI（非金融类）规模多年来保持领先，2015 年全年超过 120 亿美元（见图 4）。此外，作为工业大省，广东省的对外承包工程数量也遥遥领先（见图 5）。

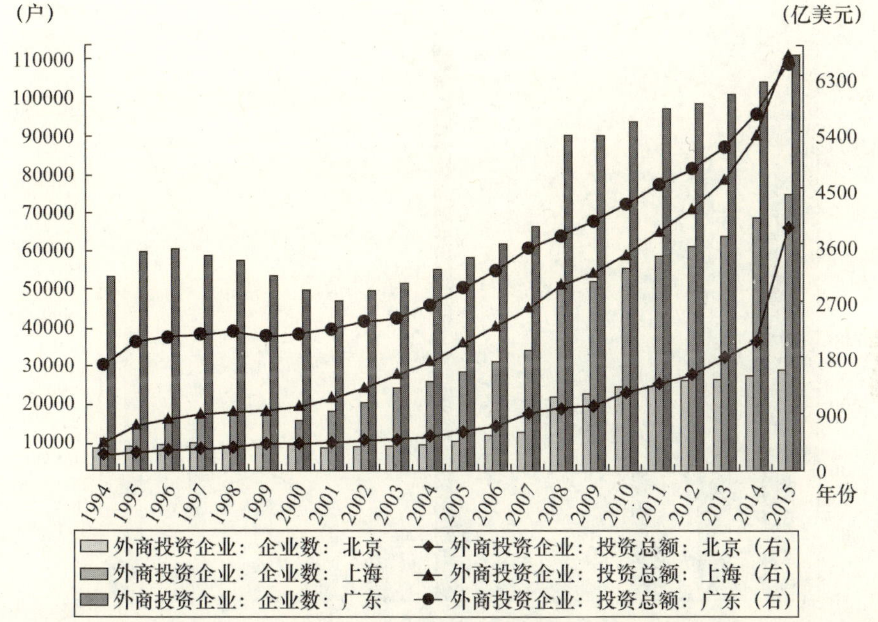

图 3　京广沪三地外商投资企业数量和投资总额的对比

资料来源：Wind 资讯。

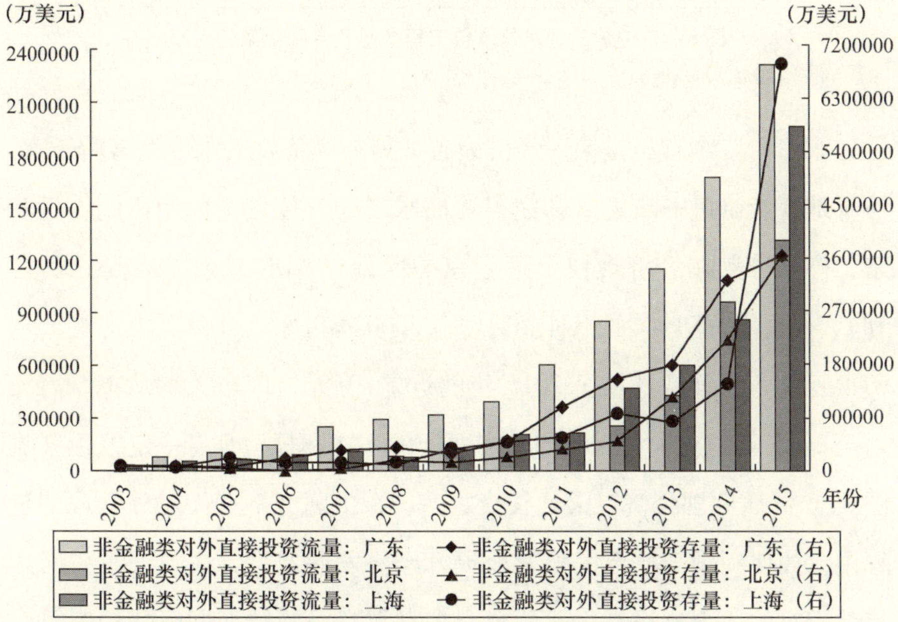

图 4　京广沪三地非金融类 FDI 存量及流量的对比

资料来源：Wind 资讯。

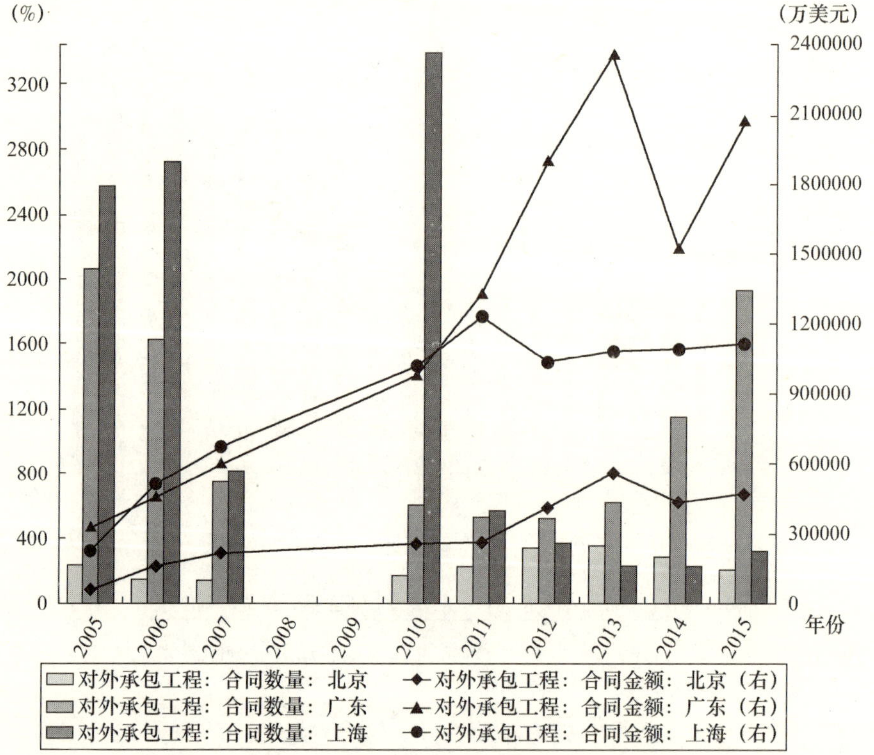

图 5　京广沪三地对外承包工程数量及合同金额的对比

资料来源：Wind 资讯。

第三，广东省虽是第一经济大省，但在经济发展水平上落后于京、沪等地，亟待进一步建立和完善更高水平的开放创新体制机制。近年来，广东虽然在经济规模上远超京沪两地（GDP 总量基本是京沪之和），但人均 GDP 水平相对落后。自 2000 年以来，北京、上海的人均 GDP 已从 3 万元快速增至 2015 年的近 11 万元，广东人均从 1.5 万元增至 2015 年的近 7 万元，与京沪两地的增速和规模都有一定差距（见图 6）。同属中国经济三大增长极之一，在中国经济全面对外开放的进程中，如何利用开放更大限度地提升经济发展质量，成为广东省必须有效应对的关键挑战，这就要求广东省在新一轮转型期坚持探索更高层次的开放创新体制，挖掘更多来自开放的“红利”。

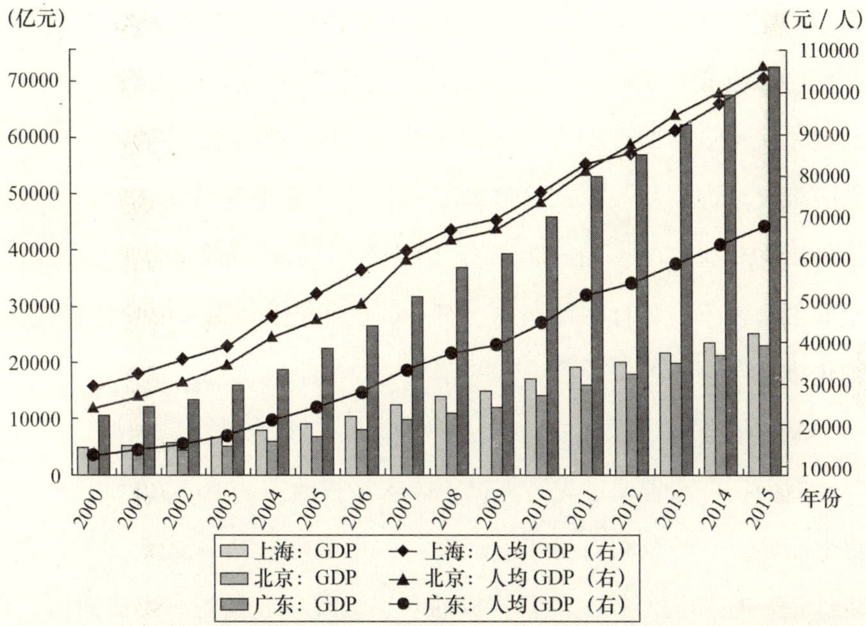

图 6　京广沪三地经济总量和人均 GDP 水平的对比

资料来源：Wind 资讯。

二、全面创新改革试验背景下广东省的改革探索与突破

（一）创新改革的总体布局

2015 年 9 月，国家做出系统推进全面创新改革试验的决策部署，并将广东省列为 8 个全面创新改革试验区域之一。广东坚持把全面创新改革试验与推动供给侧结构性改革相结合，积极推动创新改革各项工作，R&D 强度和科技进步贡献率大幅上升，创新正在成为全省新旧动能转换的重要引擎。从改革试验的总体部署来看，主要做法包括以下几个方面。

1. 加强全面创新改革试验统筹谋划

自 2015 年以来，广东省委、省政府多次召开会议，专题学习习近平总书记关于创新发展的重要讲话精神，研究部署推进改革试验工作。广东省成立全面深化改革加快实施创新驱动发展战略领导小组，负责系统推进全面创新改革试验等重要事项。国家批复出台《广东省系统推进全面创新改革试验方案》后，广东省迅速转发实施，并及时梳理出116项改革举措。2016年10月，广东省审议通过《系统推进全面创新改革试验行动计划》，进一步明确责任分工、健全协作机制，细化推进改革的各项任务。

2. 争取国家部委支持，推进一些重大改革试点

目前，广东省通过先行先试，国家授权改革的16项事项已有9项落地实施。一是全面启动知识产权“三审合一”改革试点，全省拥有35个有一般知识产权案件管辖权的基层法院。二是初步形成知识产权快速维权体系，建立5家国家知识产权快速维权中心。三是开展专利保险试点，在珠三角地区全面推开，367家企业已完成专利投保2000多件。四是推动粤港澳职业资格互认试点，探索开展社会工作者、职业药师、价格鉴证师等职业资格互认。五是外籍高层次人才引进政策取得突破，已受理批准符合16项出入境政策措施条件的签证700人次。六是扩大高等教育办学自主权，在全国率先对学位授权点自主进行动态调整。七是扩大中外合作办学自主权，广东以色列理工学院、深圳北理莫斯科大学建设进展顺利，获教育部授权我省自行审批教育部粤港澳国际联合重点实验室。八是开展药品上市许可持有人制度试点，已受理10个品种、17例创新药上市申请。九是开展创新药物临床试验审批制度改革试点，化学药生物等效性试验由审批制改为备案管理。

3. 积极推进省属权限改革事项

按照“边报批、边改革、边推进、边落实”的原则，同步推进落实省属权限改革事项100项，主要包括四个方面：一是完善创新治理制度，出台知识产权强省建设有关文件，建立重点产业、重点专业市场和重点企业知识产权保护机制。二是激发创新主体活力，深入推进高水平大学和重点学科建设，出台支持新型研发机构政策，明确新型研发机构享受国有科研机构同等待遇。三是人才激励和成果转化，率先开展经营性领域技术入股改革试点，全省已有37家科研院所和24所高校开展改革。四是深化创新领域开放合作，实施粤港创新走廊行动计划和粤港科技合作联合资助计划，加强与以色列、英国、德国等科技合作。

总的来说，广东省将坚持把全面创新改革试验作为加快实施创新驱动发展战略的重要抓手，突出企业创新、人才驱动、粤港澳合作等几大重点，致力于尽快形成一批可复制、可推广的改革举措，力争率先形成以创新为主要引领和支撑的经济体系和发展模式，为全国经济增长和结构调整更好发挥“双支撑”作用。

（二）改革举措之一：面向全球集聚创新创业人才

我国现行人才引进计划大多由政府定标准、立方向，与企业对高层次专业人才的需求存在信息不对称，往往难以吸引到真正适合的创新创业人才。同时，个人所得税偏高、难以同等享受公共服务（子女教育、医疗及社保等）以及签证手续不便等问题突出，也影响了国际人才长期在华服务、创新创业的主动性。为了提升在全球范围内吸引人才、技术和资本的效率，广东省公安厅、教育厅、人力资源与社会保障厅等相关部门积极探索了一些有益的改革举措。

1. 着力突破限制人才出入境的壁垒

广东省在出入境管理方面先行先试，积极服务广州南沙、深圳前海、珠海横琴自贸片区及全省创新驱动发展建设。广东省提出的16项出入境政策措施在公安部支持上海、北京的政策基础上又有创新和突破，于2016年6月得到公安部正式批复。16项出入境政策措施涉及外国人签证、停留居留证件、永久居留证签发等方面，主要针对广东自贸区建设及创新驱动发展中对外籍高层次人才、留学归国创业外籍华人、外籍青年学生和投资人员四大类外籍群体的迫切需求。

这16项改革政策主要包括：简化广东自贸区创新创业团队的外籍成员和自贸区企业选聘的外籍技术人才试点实施永久居留积分评估制；降低在广东自贸区投资人员申请永久居留投资标准等；完善外籍高层次人才从就业居留向永久居留资格的转换机制并缩短审批时限，放宽外籍高层次人才办理外国人永久居留证条件，建立市场主导、门槛透明简洁的人才申请永久居留市场化渠道以及扩大外籍高层次人才在口岸和境内办理R字（人才）签证的范围等；支持外籍青年学生来广东自贸区创新创业；为外籍华人申请永久居留实施便利政策，为申请签证和居留证的外籍华人提供特殊通道。

与公安部此前批复支持北京、上海和福建三地的出入境政策相比，广东省的16项出入境政策措施基本涵盖了北京、上海、福建三地政策范畴，吸纳了三地的政策精髓又有突破和创新。一是在广东省居留的外籍高层次人才和港澳台高层次人才，可以聘雇外籍家政人员。二是在广东出生或原户籍为广东的外籍华人可以办理5年以内签证、停居留证件。三是因紧急事由来粤就读的中小学校外国学生，可申请办理口岸签证和居留证件。四是对在广东自贸区投资额达100万美元（鼓励类产业投资达50万美元）以上且纳税良好的外国人，可申请在华永久居留。

广东省16项出入境政策措施的出台，引起了社会的广泛关注，受到了广东省科技创新企业和外籍人才的高度评价。政策实施以来，出入境管理部门在不到3个月内就受理批准了符合16项出入境政策措施条件的签证证件超过700人次。与此同时，公安部门也及时收集政策执行中的问题以及外籍高层次人才在出入境方面的新需求，不断出台新政策，建立具有国际竞争力的人才制度，为全面创新改革实验提供新动能。

2. 推进粤港澳职业资格互认和职称制度改革

（1）积极推进粤港澳职业资格互认工作。

一是技能类职业资格方面。贯彻落实《广东省人民政府关于印发中国（广东）自由贸易试验区建设实施方案的通知》（粤府〔2015〕68号）中关于"探索通过特殊机制安排，研究粤港澳服务业人员职业资格互认"的要求，经征求自贸区多个部门意见，形成了《关于广东省认定香港专业能力评估证书、澳门职业技能证明书职业能力第一批目录清单的公告（征求意见稿）》，目录中涉及澳门地区13个职业28个级别和香港地区5个职业11个级别，目前在征求香港及澳门有关部门意见，拟于年底前对外公布。

二是专技类职业资格方面。2005年起原人事部已明确港澳人员在内地取得专技类职业资格享受国民待遇。根据CEPA补充协议在执业时需由内地向港澳逐步开放服务领域。目前已实施互认的资格集中在建筑领域6个专业，由住建部（行业协会）直接与香港达成互认机制。2012年，广东省报经人社部的同意探索与香港开展价格鉴证师、执业药师和社会工作者等3项职业资格互认试点，并提出"请进来、走出去"的方式，商请省港澳办协调香港特区政府制定有关部门或行业机构建立对接机制。

（2）围绕专技创新人才队伍建设，改革职称评价机制。

广东省认真贯彻中央《关于深化人才发展体制机制改革的意见》，积极服务创新驱动和供给侧结构性改革，努力建立健全以职业分类为基础、以能力和业绩为导向、以业内和社会认可为准则，具有广东特色、科学合理、动态分类的专业技术人才职称评价体系。

一是突出科技创新和业绩能力导向，大力改革职称评价政策。2015 年会同省科技厅出台《关于进一步改革科技人员职称评价的若干意见》，加大创新成果转化评价权重，将专利创造、标准制定及成果转化作为职称评审的重要依据，推进评价领域向创新产业拓展，完善适应人才创新创业的评价机制，改革措施得到业内和社会认可，在全国反响较大。在 2016 年度职称评审中更加突出品德、能力和业绩评价，免除了职称外语、计算机应用能力等条件，不将论文、科研等作为评价应用型人才的限制性条件，得到专技人员的好评。自 2012 年起对省 14 类具有突出贡献的创新型高层次人才职称评审开辟“绿色通道”，累计共 157 人通过该渠道获得高级职称。

二是发挥用人主体作用，不断创新职称评价机制。研究政府职称管理职能转变，探索界定和进一步下放职称评审权限。开展高校职称制度改革试点，在高水平大学试点高校中实施了职称“五个自主”新模式，全面下放职称评审权；探索在华大基因、广汽研究院等新型研发机构实行职称自主评审；探索向地市一级下放中小学教师、卫生高级职称评审权；推动职称评审组织实施向具备承接能力的社会组织转移。目前全省 154 个高评委中，评价具体工作由专业性协会或学会等社会组织承担的有 36 个，由高校、科研院所等企事业单位自主开展职称评价的有 34 个，其中深圳市 27 个副高评委会中已有 24 个设在社会组织，有力促进企事业单位落实用人自主权，支持各行业人才的培养。

三是积极推进重点领域职称改革工作。按照国家部署积极稳妥地开展中小学教师职称制度改革，建立符合中小学教师成长规律和职业特点的评价制度，政策惠及全省110万中小学教师。会同省卫计委起草《关于深化基层卫生专业技术人员职称评审工作改革意见》，对基层卫生技术人员高级职称实行单独评审，制定符合基层卫生技术人员专业工作实际的评价标准，实行评聘结合。

四是减少职业资格许可认定，释放人才创新创业活力。2015年报经省政府批准公布取消了42项广东省自行设置的职业资格。2016年进一步深化职业资格改革，加强专技类职业资格实施监管，畅通政策落实"最后一公里"，督促指导行业主管部门加强对公布取消的专技类职业资格事项和相关考试发证活动的后续监管检查，坚决杜绝取消事项"明取消暗保留"或执行落实不到位现象。

五是加强职称的评审机制建设。按照"一简一强一优"的思路，进一步简政放权，转变省级政府部门在职称评价工作中的微观管理，进一步强化宏观管理和事中事后监管，进一步优化职称公共服务功能，推动职称网络信息化建设。

3. 不断扩大高校办学自主权

广东省坚持教育优先发展战略，加强顶层设计和总体谋划，以教育"创强争先建高地"为总抓手，深化省级政府教育统筹综合改革，落实和扩大高校办学自主权，进一步激发了高校的办学活力，全面提升了高等教育的发展质量和水平，促进了全省高等教育的快速发展、协调发展。

一是改进政府管理教育方式，释放高校办学活力。按照国家和省推进政府职能转变工作的总体要求，加大教育行政审批制度的改革力度，建立权责清单动态调整机制，最大限度减少政府对高校微观事务的管理。通过优化职能体系，大量清理、压减行政审批事项。

二是推动建立现代大学制度，提升高校治理能力。以高校章程建设为切入点，推动高等学校内部治理体系和结构的改革，发挥高校各主体共同治理的积极性和作用，实现高校依据章程自主管理。截至目前，全省高校已全面实现“一校一章程”目标，学校治理能力得到有效提升。

三是破除体制机制障碍，扩大高校办学自主权。为进一步提升广东省高校办学水平，破除束缚高校办学活力、人才培养和科研创新的障碍，广东省委、省政府出台了《关于进一步扩大和落实高校办学自主权促进高校加快发展若干意见》《关于建设高水平大学的意见》《关于深化教育领域综合改革的实施意见》《关于深化高校科研体制机制改革的实施意见》《关于加强理工科大学和理工类学科建设服务创新发展的意见》等系列政策文件，为高校在学科专业设置、人才选聘、科学研究、国际交流合作等诸多方面享有自主权提供了制度保障。2015 年 4 月，广东省率先在全国开展高水平大学和高水平理工科大学的建设工作。省教育厅会同省直有关部门通力合作，制定了系列配套文件。这些重点工作的推进和重要政策的出台，激发了高校的办学积极性，在全国也产生了较大的反响。

四是改变路径依赖，落实高校经费统筹使用权。广东省通过整合各种专项资金，采取“综合考评、综合奖补”的方式，打包安排下达到各高校，由高校自主规划、统筹使用，避免资金“碎片化”，切实落实高校的办学自主权和理财自主权。这一做法，打破了行政管理部门过往“推动工作靠专项”的路径依赖，使学校可以统筹安排奖补资金，自主规划建设重点，自主选择建设项目，有效增强了高校的宏观谋划能力和资源统筹能力，提高资金使用效益。2015 年，由高校自主安排支出用途和项目的经费占省级财政高等教育投入的比例超过 90%。

（三）改革举措之二：大力支持科技创新平台建设

促进全社会的创新活力，除了依靠政府和企业，越来越需要一些支持创新的专业机构、平台或重要部门的积极参与，这类组织的作用越来越不可替代。创新活动的不确定性、长期性和高风险性，决定了作为创新主体的企业需要一大批专业化的支撑或服务机构。同时，考虑到创新政策的复杂性和系统性，需要一些专门支持创新的执行机构来帮助或加快已有政策的有效落地和反馈改进。广东省发展改革委、科技厅、经信委、商务厅等部门相互配合，在探索科技创新平台建设方面积累了许多好做法。

一是大力发展新型研发机构。近年来，广东省首创性地提出了“新型研发机构”的概念，在国内率先出台《关于支持新型研发机构发展的试行办法》等政策措施，主要涉及初创补贴、运行费用后补助、进口科研仪器设备免税和补助等。当前，广东全省已有拥有近170家新型研发机构，数量达到全省科研机构的1/3，包括以清华大学深圳研究生院、华大基因研究院、光启高等理工研究院、香港大学霍英东研究院、香港科技大学深圳研究院等为代表的一批研发机构。共建深港产学研基地，已有香港中文大学、香港科技大学等6所院校在深圳注册企业15家，设立研发中心8家，累计孵化企业300多家、在孵企业约200家、毕业企业约100家。设立“粤港共建科技创新平台专项”，支持省内相关大学、科研机构联合港澳机构建立19个研究中心及联合实验室。这些机构累计创办和孵化的企业接近4000家，极大地改善了区域研发活动的投入结构和产出效率。

二是注重专业化科技服务机构的集聚性发展。以深圳、广州为代表的中心城市通过设立技术服务专项资金、成立科技服务业协会，培育和壮大科技服务市场主体，鼓励和引导开展各类科技服务，逐步形成了涵盖研发设计、技术转移、检验检测认证、创业投资孵化、知识产权服务、法律与财务咨询等在内一整套完整的科技服务体系。颇具代表性的“国家技术转移南方中心”，就是深圳市与科技部联合打造的专业化国家级技术转移中介机构。这些专业机构的快速发展让深圳顺利成为国家首批科技服务体系建设试点城市和中国创新驿站首批试点地区。与此同时，充分发挥香港科技中介机构的桥梁纽带作用，积极拓展服务范围，为广东企业提供包括产品开发、顾问、培训、产品检测及技术转移等服务。例如，引进香港科学园、香港职业训练局到深圳集成电路设计产业化基地管理中心开展人才培训、测试、失效分析等服务。支持香港生产力促进局在广州、深圳、东莞设立分支机构，为珠三角厂商提供科技资讯及管理服务。

三是着力打造多个链接全球创新网络的合作平台。为了更好地支持本地企业利用全球创新资源，广东省加大对国际合作园区的统筹规划布局，在国内率先形成“N+多”（即若干个综合性国际合作园区、一大批专业性合作园区）的区域性开放创新合作平台，主要包括：中新（广州）知识城、中德（佛山）工业服务区、中以（东莞）国际科技合作产业园、中以（汕头）科技创新合作区、中美（江门）先进制造业合作园、中瑞（中山）产业园、中欧（江门）中小企业国际合作区等。这些国际合作创新平台不仅是创新已有利用外资的方式手段，更是通过公私合作、产业链合作、人才培训等方式促进本地传统制造业实现转型升级。

（四）改革举措之三：着力营造宜居宜业创新环境

创新要素的自由流动主要依靠市场机制发挥作用，越是有利于创新的市场环境，越容易吸引各类创新要素的集聚。尤其在当前全球创新资源加速流动的背景下，那些在创新生态环境上有相对优势的国家或地区，恰恰是吸引全球范围内高质量创新要素集聚的密集区域。与美国、德国、以色列、日本等一些创新程度发达国家或地区相比，当前我国创新环境的吸引力相对落后，开放创新机制建设也才刚刚起步，特别是在创建有利于公平竞争、产权保护、营商便利的市场环境上存在短板，这在很大程度上不利于开放创新的深化。

在这样的形势下，为突破一些体制机制性壁垒，广东省有了很多有益的探索。其中，广州南沙自贸区在促进贸易便利化方面的改革举措具有代表性。自贸区南沙片区自2015年挂牌以来，按照《中国（广东）自由贸易试验区总体方案》要求，以制度创新为核心，以打造广东省高水平对外开放重大平台为目标，在促进投资贸易便利化水平、优化法治环境和加强事中事后监管等方面形成了一批系统集成的改革举措。

1. 实施“互联网+政务服务”，促进企业投资便利化

为提升新区和自贸试验区企业注册便利性，以“互联网+政务服务”为主要抓手，围绕企业设立前的准入环节以及设立后的服务环节。推行“统一收件，内部流转，联合审批，限时办结，统一发证”的企业设立登记“一口受理”模式。依托“一口受理”信息平台，实现“一照一码”企业登记注册制，做到一次收件、一个平台、一天办结向企业核发加载统一社会信用代码的营业执照。搭建政企互动的综合服务平台，依托网上办事大厅等信息系统以及数据库构建起一个以企业需求为出发点的一站式多功能综合服务平台。

2. 打造“南沙智慧口岸”，提高贸易便利化水平

打造以智能通关为核心的“智慧口岸”，建设以贸易便利化为导向的大通关体系。创新口岸监管模式，提升口岸管理服务信息化水平，形成以智慧服务、智慧流程、智慧监管、智慧联通为主要内容的南沙“智慧口岸”品牌效应。国际贸易“单一窗口”2.0版上线运行，启动关检“三互”模式。重点推进“互联网+易通关”“智检口岸”“智慧海事”系统上线运行，建立口岸业务网上24小时自助办理通道，部门之间实现信息共享和互联互通，企业可“足不出门”和“全天候”办理各项口岸业务，口岸业务由“重监管”向“监管和服务并重”转变。

3. 率先开展“微警”服务平台，优化法治环境

建设“微警”服务平台，首次打通一条“微信”前端设立“窗口”，后端接入公安业务部门数据资源，联通政府财政非税系统的移动支付渠道，率先实现了交通、户政、出入境等业务的微信缴费、移动办理，群众足不出户就可办理相关业务，并且成功接入微信和支付宝城市服务双平台。实现公安业务移动互联网“一口受理，一键办结”，全面提升警务工作效能。南沙首创户政新业务，身份证工本费可微信支付，实现“微警”线上身份认证功能。

4. 打造统一规范信息化平台，加强事中事后监管

采取“互联网+监管”方式，率先启动统一的市场监管信息平台建设。将政府内部市场监管平台与公众的企业信用信息公示系统融合建设，初步实践涉企信息共享、政府协同监管和联动执法、公众信用服务的功能作用。该平台由市场准入、质量监管、食品安全、金融服务等9个子系统及专题监管数据项目构成，将逐步实现相关部门监管信息的互通、交换和共享，为加强事中事后监管提供信息支撑。在全国率先将海关、检验检疫等中央驻穗单位企业信用信息纳入平台数据库，建立基于大数据条件下的协同监管机制，实现监管风险的提示预警、违法违规线索的移送和组织开展跨部门联合执法检查，并跟踪督促相关风险提示处理、线索核查和案件查办结果，通过统一信息化平台进行反馈。创新国际贸易信息化监管体系，采取包括实施事前备案，加强事中监测，强化事后追溯等监管措施。推动进口商品全程溯源，对进口商品建立“全程溯源平台”，实行“境外预检、口岸快放、智能跟踪、多方共治”。

（五）改革举措之四：培育发展高水平的“湾区经济”

粤港澳三地地缘相近、人缘相亲、文化相融，具有良好的合作历史。改革开放以来，广东省依托港澳优势快速发展。港澳回归后，粤港澳合作持续推进，正从经济、社会、民生等合作，向制度合作纵深推进。十八大以来，国家提出了“一带一路”发展战略，加快推进自贸区建设步伐，为粤港澳合作带来新契机。具体到广东省在“一带一路”中的布局，发展与周边国家的合作时，必须突出粤港澳合作的优势，将三地优势结合到一起，再走出去与东南亚合作，创造更强的综合实力。在实施自贸区战略中，作为涵盖广东自贸区范围的前海、南沙、横琴三大粤港澳重点合作平台，将不断增强广东与港澳的关联度，推动粤港澳合作深度发展。按照全面创新改革试验工作部署，广东省科技厅积极推进牵头负责的改革事项，积极推动粤港澳科技交流与合作，在项目合作、创新机构（人员团队）引进、成果转移转化等方面取得初步成效。

1. 建章立制，为粤港澳科技合作提供战略指引

本着“积极参与、共同谋划、互惠互利”的原则，支持发展“国家所需、香港所长”的优势产业，把“一带一路”和区域开发开放结合起来，以贯彻落实《广东省人民政府关于加快科技创新的若干政策意见》《广东省实施创新驱动发展战略 2016 年工作要点》《珠三角国

家自主创新示范区建设实施方案（2016～2020年）》为契机，进一步加强粤港澳科技合作，促进共同发展。

2. 大力实施“粤港科技合作资助计划”

2014年重新启动实施的“粤港科技合作资助计划”对珠三角的科技合作发展发挥了重要作用，2016年度计划已于2017年3月正式结束，并通过广东省前沿与关键技术创新专项资金5000万元、香港创新基金对粤港两地科研及产业发展立项支持49项，其中8项为粤港联合资助。

3. 积极引进香港创新科研机构和团队在粤创新创业

一是香港科技大学深圳研究院等5家香港在粤设立的科研机构已列为广东省新型研发机构。二是2015年第五批引进的香港创新团队包括广州华睿光电材料有限公司、东莞华中科技大学制造工程研究院、广东工业大学引进的3个团队，获得本年度财政资金9000万元支持。三是2015年举办的第二届中国创新创业大赛港澳台大赛增加了香港科技园等协办单位大力支持，港澳台报名总数284项，赛事规模和影响力显著提升，吸引更多港澳台创新资源及项目在以广东为核心的中国内陆市场落地。四是2015年10月广东省科技厅与香港应用科技研究院联合在广州主办“通信技术在物联网领域的应用”为主题的技术推广会，进一步加强粤港双方的实质性合作与交流。五是2016年6月由香港科技大学、澳门大学、中山大学、华南理工大学、广东工业大学、广州大学联合发起的“粤港澳高校创新创业联盟”在南沙区香港科技大学霍英东研究院正式成立。

4. 探索建立高效务实的粤港技术转移机制

粤港两地大力推进香港科学园、香港应科院、香港各高校等科研机构的先进技术成果向广东省转移，实现香港研发成果在广东省产业化。此外，积极组织粤港合作项目申报和交流。如，组织更多合作基础良好有产业化前景的项目积极申报科技部对港澳台合作专项、广东省粤港联合资助创新计划。围绕粤港共同关注的问题，通过联合举办高水平的专题研讨会、推介会等形式，进行科研项目推介、对接及创新政策、专项计划的宣传，推动两地科研人员的交流与合作。

三、主要结论和经验启示

广东省在走向高水平的区域开放创新体系上已经迈出了实质性的改革步伐，也积累了一些有代表性、相对成熟、值得推广的体制机制性改革经验。基于我们的实地调研和资料分析，初步总结了以下四个方面的重要经验。

（一）不拘一格、开放包容地集聚全球创新创业人才

对“人”的第一关注是广东省多年来促进创新、改革体制的最大亮点。人才是最重要的创新要素，区域创新高地首先是高素质人才的集聚地。广东省并非天然具有在全球范围内吸引和集聚人才的制度或地理条件，主要是依靠多年来持续性的政策鼓励和制度突破来加以实现。

一是政策长期大力支持。以“孔雀计划”“珠江人才计划”等为代表的一系列高层次人才引进计划在海内外都引发了强烈反响。如，每个引进的创新创业团队能获得政府1000万元到1亿元不等的资金资助，其力度不可谓不大。同时，为了让这些引进人才安心创新创业，政府也着力解决他们的“后顾之忧”。如，深圳在这方面的表现尤为突出——市财政直接拿出近千亿元的专项资金来专门支持“十三五”

期间新筹建人才住房和保障性住房 40 万套，其中这类人才住房的房价仅为市场均价的一半左右。

二是敢于在机制突破上先行先试。如前所述，广东省率先在外籍高层次人才引进政策上取得突破。2016 年公安部正式批复同意广东自贸区建设和创新驱动发展的 16 项出入境政策措施，其创新力度超过了国内其它省市。2016 年广东省颁发的《关于开展外国人来华工作许可试点工作的通知》不仅做实了“五统一”（制度、标准、证件、办理机构、办理系统），更大胆探索整合了“外国人入境就业许可”和“外国专家来华工作许可”的有效路径。

即使广东省多地的人才政策已在很大程度上引领全国，但在这一轮全面创新改革中，广东仍然持续着力在人才引进、评价、培养、激励等多个方面的深层次体制机制问题上寻求突破。在广东省 2016 年确定的全面创新改革事项列表中，涉及人才相关的体制机制改革多达 20 项，占“国家授权改革”和“省级权限改革”等全部事项（共 58 项）的比重超过了 1/3。可见，广东省之所以成为目前国内创业密集度最高、创新氛围最热、移民文化最浓、开放水平最强的代表性创新经济板块，与其持之以恒、不拘一格的人才政策息息相关。

（二）重视一些支持创新专业机构的能力建设和制度突破

促进全社会的创新活力，除了依靠政府和企业，越来越需要一些支持创新的专业机构、平台或重要部门的积极参与，这类组织的作用越来越不可替代。创新活动的不确定性、长期性和高风险性，决定了作为创新主体的企业需要一大批专业化的支撑或服务机构。同时，考虑到创新政策的复杂性和系统性，需要一些专门支持创新的执行机构来帮助或加快已有政策的有效落地和反馈改进。广东省在这方面取得了多个“率先突破”，积累了不少探索性经验。

一是大力发展新型研发机构。近年来，广东省首创性地提出了“新型研发机构”的概念，在国内率先出台了《关于支持新型研发机构发展的试行办法》等政策措施，主要做法包括初创补贴、运行费用后补助、进口科研仪器设备免税和补助等。当前，广东全省已有拥有近170家新型研发机构，数量达到全省科研机构的1/3，包括以清华大学深圳研究院、华大基因研究院、光启高等理工研究院、香港大学霍英东研究院等为代表一批杰出机构。这些机构累计创办和孵化的企业接近4000家，极大地改善了区域研发活动的投入结构和产出效率。

二是注重专业化科技服务机构的集聚性发展。多年来，以深圳、广州为代表的中心城市通过设立技术服务专项资金、成立科技服务业协会，培育和壮大科技服务市场主体，鼓励和引导开展各类科技服务，逐步形成了涵盖研发设计、技术转移、检验检测认证、创业投资孵化、知识产权服务、法律与财务咨询等在内一整套完整的科技服务体系。颇具代表性的“国家技术转移南方中心”的建立是深圳市与科技部联合打造的专业化国家级技术转移中介机构（年收入超千亿元）；以其为代表的一些专业机构的快速发展让深圳顺利成为国家首批科技服务体系建设试点城市和中国创新驿站首批试点地区。

三是率先下放高校办学自主权，推动实质性的体制机制改革。广东省的高校资源相对落后于北京、上海，但在高校改革力度上却十分突出。从2015年省里颁发的《关于建设高水平大学的意见》《关于深化教育领域综合改革的实施意见》到2016年出台的《关于加强理工科大学和理工类学科建设服务创新发展的意见》《高水平大学建设人事制度改革试点方案》等文件，政府在涉及高校的学科设置、人才选聘、职称评定、科研研究、国际交流合作、成果转化等多个方面大幅下放的决策自主权，对优化教育和科研资源配置起到了积极作用。同时，广东省还积极扩大中外合作办学自主权。如，广东以色列理工学院、深圳北理莫斯科大学建设顺利推进；教育部授权广东自行审批粤港澳国际联合重点实验室等。

四是积极发展综合性的现代职业教育体系。从2015年启动《广东省职业教育条例立法工作》起，广东省先已建成了国内最大的职业教育体系。截至2015年年底，广东省职业院校（含技工学校）在校生规模达257.63万人，全省新增技术技能人才中70%以上由职业院校配置。全省共成立了职业教育集团65家，90%以上公立职业院校牵头组建或参加了相关职业教育集团。这些院校实行自主招生，并实施三二分段对接和应用型人才培养试点。

五是着力打造多个链接全球创新网络的创新合作平台。为了更好地支持本地企业利用全球创新资源，广东省探索性地规划布局了多个国际创新合作园区，在国内率先形成了“N+多”（若干个综合性国际合作园区、一大批专业性合作园区）的区域性开放创新合作网络，如：中新（广州）知识城、中德（佛山）工业服务区、中美（江门）先进制造业合作园、中以（东莞）国际科技合作产业园、中瑞（中山）产业园等。这类国际合作创新平台的建设不仅仅是创新过去的利用外资方式，更是通过公私合作、产业链合作、人才培训等方式促进本地传统制造业通过开放合作来实现转型升级。

（三）打造“服务型”政府，着力营造宜居宜业的创新生态环境

广东省作为改革开放先行区，在加快政府职能转变，打造真正意义上的“服务型政府”方面表现突出。为了清除各种制度性障碍，让创新要素、创新主体、创新人才充分活跃起来，广东省在简政放权、

创新管理方式上的改革经验一直是国内具有代表性的标杆区域。结合全面创新改革实践，简要列举几点。

例如，率先推动商事制度改革。除了前述提到的广州南沙自贸区推进贸易便利化改革经验之外，以深圳为代表的商事制度改革也颇具代表性。近些年来，深圳市全面推广了“多证合一、一照一码”的登记模式，极大地激发了创新创业活力。改革以来，新增商事主体年均增长近30%，增量超过前30年的总量；2016年累计高达265万户。商事主体总量和每千人拥有商事主体数量位居全国大中型城市第一，创业密度高居全国首位。

又如，全面启动知识产权“三审合一”改革试点，加速建立多家国家知识产权快速维权中心。广东省是继上海之后的第二个全国试点地区，全省已拥有35个一般知识产权案件管辖权的基层法院。中新广州知识城作为国内首家也是唯一一家“国家知识产权改革试验田”，着力发展广州知识产权法院。与此同时，已有的5家国家知识产权快速维权中心通过搭建一体化、一站式综合服务平台，将专利授权周期从原来的3~4个月缩短为1周左右。

再如，创新职称评价机制，推动粤港澳职业资格互认试点。在高水平大学试点高校中实施职称“五个自主”，在新型研发机构实行职称自主评审，推动支撑评审组织向社会组织转移等。通过探索特殊机制安排，形成了广东省认定的互认清单，涉及香港5个职业11个级别、澳门13个职业28个级别。

（四）利用地缘禀赋，培育世界级的创新集群，发展高水平的“湾区经济”

近些年，从粤港科技创新走廊、深港创新圈建设到最近提出的打造“粤港澳大湾区”，广东省充分利用地缘禀赋推动开放创新体系建设的进程不断升级、深化，重点始终围绕以夯实创新集群为核心的区域经济一体化。10 多年来，粤港澳合作不断深化，为整个大湾区的创新能力提升和经济转型升级发挥了重要作用。

一是推进制度创新，推动三地全面开放合作。粤港合作上升为国家战略，CEPA 及其相关补充协议、《珠江三角洲地区改革发展规划纲要（2008 ~ 2020 年）》以及《粤港合作框架协议》（2010）等重要政策文件近年来相继出台，为粤港建设开放式区域创新体系指明了道路，并逐步形成以“粤港科技创新走廊”为核心的发展格局。深圳、广州、佛山、东莞等市均启动了面向香港的科技合作项目，其中深港两地实施了“深港创新圈”三年行动计划建设项目，穗港两地在战略合作协议框架下签订项目 46 个，总投资额达 115. 19 亿元。两地合作联席会议机制逐步完善，成立粤港高新技术合作专责小组。

二是推进管理创新，助推两地产业转型升级。围绕产业链，部署创新链，粤港两地通过全产业链合作开启转型升级的新路径，出现了共同研发、共建开发区和科技园、共同引进外资的新局面。粤港联合资助计划实施 10 年来，已累计实现产值 4000 亿元，实现利税近 1000 亿元。发挥香港科技中介机构的桥梁纽带作用，积极拓展服务范围，为广东企业提供了包括产品开发、顾问、培训、产品检测及技术转移等服务，例如香港科学园、香港职业训练局到深圳集成电路设计产业化基地管理中心开展人才培训、测试、失效分析等服务。

三是推进服务创新，推进两地创新要素的自由流动和良性互动。引导香港高校、科研院所和广东的科研机构联合搭建创新平台，吸引国际高端人才开展紧密合作，已建成“粤港自动化科学与工程联合研究中心”“再生医学联合重点实验室”等 7 家粤港澳共建科技创新平台。签署了共建高新区发展备忘录，开创粤港科技合作的新模式，吸引香港科研机构进驻高新区内，在重点领域联合开展研发攻关。通过教育科研协作推动科技人才密切交流，如深圳积极推动两地人才智力的交流与合作，实现深港人才互补和共享，香港大学、香港中文大学、香港理工大学、香港科技大学等多家香港高校均在深圳设立了分支机构。

四是积极克服一些机制性障碍。针对多年来粤港澳合作面临前置审批瓶颈多、区域合作权限难以平衡、三地制度落差大、利益协调机制不尽明确等体制机制性挑战，广东省针对性地开展了许多改革尝试。如，广东省联合香港、澳门积极梳理现行政策，做实合作框架，在一些重大合作事项上争取中央支持。又如，以推进港珠澳大桥、广深港客运专线、深港西部快速轨道线等重大基础设施项目为基础，利用前海、南沙、横琴开发建设的政策优势，推动一些重大项目开工建设。与此同时，三地共建合作信息平台、促进人才自由流动、深化教育医疗领域合作等举措发挥了积极作用，也包括不断推进港澳官方和民间对共同利益和长远利益的合作共识。

总的来说，发展粤港澳协同创新的湾区经济，不仅仅是基础设施和公共服务的互联互通，还是创新要素、科技资源、产业体系的共享合作，更是推动三地经济一体化的重要内容。当前，“粤港澳大湾区”以不到全国0.6%的土地和不到5%的人口，创造了全国约13%的经济总量，已成全球第十三大经济体。粤港澳大湾区在经济、产业、环境、创新等方面已有较好的积累，虽然与全球科技创新中心相比还存在差距，但是已初步具备快速成长为世界级领先湾区的巨大潜力。新的科技革命提供了弯道超越的“机会窗口”，粤港澳大湾区如果抓住这一转型机会，借鉴著名湾区发展经验，规划各城市产业定位，推动产业结构优化升级，构建全球性高端人才、优质资源聚集的平台，加强基础设施、科技资源等硬实力和区域创新体系、环境及公共服务平台等软环境的构建，有望不久将建成有全球影响力的科技产业创新中心。

执笔人：熊鸿儒

专题报告二

京津冀地区创新改革试验的实践与探索

长期以来，京津冀与长三角、珠三角地区并称为中国经济的三大经济圈。由于市场化程度较高、与国际接轨较早，长三角和珠三角在区域协同发展方面已经走在国内各地的前列，上海和广东在开放创新方面也取得了长足进步。相比之下，京津冀地区创新发展却相对滞后，但作为我国创新资源最为富集的区域之一，有条件通过区域协同在创新驱动发展方面走在全国前列。随着京津冀协同发展上升为国家战略，京津冀地区作为全国唯一的跨省级行政区域入选“全面创新改革试验区”，创新改革试点示范深入开展，以科技创新为核心，统筹推进产业、金融、人才、公共服务等方面体制机制创新，在推进协同创新共同体方面进行了许多探索。本专题报告基于研究素材，围绕“协同创新发展”系列重点改革进行分析，着重提炼一些代表性、相对成熟的政策举措，并总结相应的经验启示。

一、京津冀地区创新改革试验的进程和现状

区域协同创新是以区域创新要素自由流动为基础，通过推动要素

和结构的“新组合”，突破发展瓶颈，释放发展潜能，实现区域创新效应最大化（祝尔娟，2015）。区域协同发展的核心是协同创新，协同创新以实现区域协同发展为目标。京津冀协同发展是当前重大的国家战略，对于推进“四个全面”战略布局，实现“两个一百年”奋斗目标和中华民族伟大复兴的中国梦具有重大现实意义和深远历史意义。然而由于各种原因，之前京津冀协同发展进程始终比较缓慢，近年来才有了明显的加速。

（一）区域协同发展历史沿革

事实上，早在20世纪80年代初就产生了“首都经济圈”的概念，它所涵盖的范围以北京、天津和河北为主。但直到2004年2月，国家发展改革委地区经济司召集北京、天津和张家口、唐山、秦皇岛等河北省主要地级市发展改革部门负责同志，在廊坊市召开京津冀区域经济发展战略研讨会，并在会议上达成了“廊坊共识”，它标志着京津冀协同发展合作机制开始进入务实阶段；同年6月，国家发展改革委和商务部联合召开北京、天津、河北、山西、辽宁、山东、内蒙古7省区市的环渤海合作机制问题会议，并在会议上达成《环渤海区域合作框架协议》，进一步推动了京津冀及周边省市间的合作。

在此之后，京津冀三地的合作逐步扩展，相继签订了多项协议，包括《京津冀人才开发一体化合作协议书》（2005）、《京津冀人事代理、人才派遣合作协议书》（2006）、《京津冀三省市综治委“护城河工程”协议书》（2007）、《京津冀三地打击非法传销执法协作协议》（2007）、《京津冀检务合作协议》（2008）、《关于建立两市一省城乡规划协调机制框架协议》（2009）、《教育区域合作发展框架协议》（2010）等。不过与国内其他合作区域，尤其是长三角和珠三角地区相比，这个时期京津冀三地协同发展仍然处于初级阶段，京津冀一体化没有实质性进展，京津冀总规划仍未出台。与之相对的是，长三角地区 2004 年确立“三省市主要领导定期磋商机制”，规定沪苏浙主要领导每年定期召开会议，研究确定区域合作的总体要求和重点事项；珠三角地区 2005 年设立“行政首长联席会议制度”，规定内地省长、自治区主席和港澳特别行政区行政长官每年举行一次会议，协商推进区域合作，并相应成立“政府秘书长协调制度”和“部门衔接落实制度”。

2013 年起，京津冀三地协同发展进行新阶段。当年 4～5 月，《北京市天津市关于加强经济与社会发展合作协议》《北京市河北省2013～2015 年合作框架协议》《天津市河北省深化经济与社会发展合作框架协议》这三个重要文件陆续签署，标志着三地开启了全面深入合作的新篇章。2014 年 2 月，习近平总书记视察北京并发表重要讲话，对京津冀协同发展提出了“七个着力”的明确要求，京津冀协同发展正式上升为国家战略。同年 8 月，国务院成立了以张高丽副总理任组长的京津冀协同发展领导小组，成员包括了 30 多个部门的主要负责人。依靠京津冀协同发展领导小组的有力指导，许多阻碍区域协同创新的制度性因素正在逐步消退，部分“先行先试”的改革措施也有机会相继落地。

（二）重要区域创新改革试验

依托丰富的教育和科技资源，京津冀三地成为国内历次重要的区域创新改革试验的参与者，本专题进行了分类梳理，主要包括国家高新区、国家自主创新示范区、国家创新型城市、国家级新区等六类。

1. 国家高新区

它是指以智力密集和开放环境条件为依托，通过实施高新技术产业的优惠政策和各项改革措施，最大限度地把科技成果转化为现实生产力而建立起来的集中区域。1988 年，中国的第一家国家高新区在中关村诞生。截至 2017 年 2 月末，国内共有 156 个国家高新区，其中京津冀地区有 7 个，分别是中关村国家自主创新示范区（北京）、天津滨海高新技术产业开发区（天津）、石家庄高新技术产业开发区（河北）、保定高新技术产业开发区（河北）、唐山高新技术产业开发区（河北）、燕郊高新技术产业开发区（河北）、承德高新技术产业开发区（河北）。

2. 国家自主创新示范区

它是指经国务院批准，在推进自主创新和高技术产业发展方面先行先试、探索经验、做出示范的区域。设立这类地区有助于完善科技创新的体制机制，加快发展战略性新兴产业，推进创新驱动发展，加快转变经济发展方式。2009 年，北京中关村成为第一个国家自主创新示范区。截至 2016 年底，国内共有 17 个国家自主创新示范区，其中京津冀地区有 2 个，分别是北京中关村（2009 年 3 月）和天津滨海（2015 年 2 月）。

3. 国家创新型城市

它是指以实现创新驱动发展为导向，以提升自主创新能力为主线，以体制机制创新为动力，以营造创新友好环境为突破口，形成的若干区域创新发展增长极。2008 年，深圳成为全国首个创建国家创新型城市试点。截至 2016 年底，国内共有 61 个已经开展创新型城市试点建设区，其中京津冀地区有 5 个，分别是海淀区（北京，2010 年 1 月）、滨海新区（天津，2010 年 1 月）、唐山市（河北，2010 年 1

月)、石家庄（河北，2010 年 4 月)、秦皇岛（河北，2011 年 5 月)。

4. 国家级新区

它是指新区的成立以及开发建设上升为国家战略，总体发展目标、发展定位等由国务院统一进行规划和审批，相关特殊优惠政策和权限由国务院直接批复，在辖区内实行更加开放和优惠的特殊政策，鼓励新区进行各项制度改革与创新的探索工作。1992 年，第一个国家级新区——上海浦东新区成立，当前国内共有 19 个国家级新区（截至 2017 年 4 月)。其中京津冀地区有 2 个，分别是滨海新区（天津，1994 年 3 月)、雄安新区（河北，2017 年 4 月)。

5. 国家综合配套改革试验区

它是指为了顺应经济全球化与区域经济一体化趋势和完善社会主义市场经济体系内在要求，建立的以制度创新为主要动力，以全方位改革试点为主要特征，对全国社会经济发展带来深远影响的试验区。2005 年，第一个国家综合配套改革试验区——上海浦东新区成立，当前国内共有 12 个国家综合配套改革试验区，改革试验主题大体上分为 6 种类型。其中京津冀地区有 1 个，即滨海新区（天津，2006 年 5 月)。它主要围绕“开发开放”的改革试验主题，探讨新的城市发展模式，走新型工业化道路，把增强自主创新能力作为中心环节，积极发展高新技术产业和现代服务业。

6. 全面创新改革试验区

2015 年 8 月，中央办公厅和国务院办公厅联合印发《关于在部分区域系统推进全面创新改革试验的总体方案》（以下简称《总体方案》)，它是对习近平总书记关于实施创新驱动发展战略重要指示的贯彻落实，是对党中央、国务院关于创新改革重大决策部署的贯彻落实。本轮改革里中央提出的全面创新不仅是技术创新，还包括社会性管理体制机制的创新，后者是全面创新的基础。

《总体方案》提出，以实现创新驱动发展转型为目标，以推动科技创新为核心，以破除体制机制障碍为主攻方向，引领、示范和带动全国加快实现创新驱动发展，形成经济社会可持续发展新动力。按照创新成果多、体制基础好、转型走在前、短期能突破和区域统筹布局的原则，确定了8个改革试验区，其中京津冀作为唯一的跨省级行政区域入选。主要考虑到该地区各种要素流动面临障碍最多，困难最大，而且城乡之间、地区之间差异也比较明显。因此如何促进京津冀三地的创新合作，形成创新网络，将北京的研发成果在津冀转化，为全国提供可复制的经验和模式，具有重要的改革意义和示范意义。

（三）京津冀协同创新的现状

经过多年的努力，京津冀三地协同创新取得了较大进展，尤其近三年的创新活动取得了较多的实质性成果。2014年8月，两市一省科技主管部门联合签署《京津冀协同创新发展战略研究和基础研究合作框架协议》，宣布建立长效合作机制，搭建三地共同研究战略平台。2015年，北京市科委制定《关于建设京津冀协同创新共同体工作方案(2015~2017年)》，首次设立了“京津冀协同创新”专项。2016年7月，河北省政府印发《河北省科技创新“十三五”规划》，提出加快推进石保廊区域全面创新改革试验区建设，努力将该地区建成与京津创新链、产业链、资金链、政策链深度融合的紧密共同体。同年9月，北京市政府发布《全国科技创新中心建设“十三五”规划》，明确提出“到2020年，初步建成京津冀协同创新共同体”的目标。

1. 以高校、科研机构和企业为核心组建了多个创新联盟

2014年7月，京津冀的科技、环保、气象等16家科研单位成功申

报国家科技支撑项目“京津冀区域大气污染联防联控支撑技术研发与应用”。2015 年 4 月，京津冀钢铁行业节能减排产业技术创新联盟成立，联盟成员包括首钢集团、天津渤海钢铁集团、河北钢铁集团有限公司、北京银行等70 余家制造企业和社会机构。2015 年5 月，北京市农林科学院、天津市农业科学院、河北省农林科学院共同成立“京津冀农业科技协同创新中心”。2015 年 6 月，北京工业大学、天津工业大学、河北工业大学携手成立“京津冀协同创新联盟”。签署建立“京津冀交通协同创新中心”“京津冀环境污染控制协同创新中心”和“京津冀智能装备技术与系统协同创新中心”等框架协议。2015 年 9 月，由北京大学牵头，南开大学、清华大学、河北经贸大学和首都经济贸易大学作为主要协同合作单位的京津冀协同发展联合创新中心宣布成立。2015 年 12 月，中国农业大学、北京林业大学、河北农业大学和天津农学院等 9 所院校成立“京津冀农林高校协同创新联盟”。2016 年 7 月，京津冀众创联盟成立，成员包括中关村创新创业服务机构在内的 57 家双创机构和企业，联盟秉承“政府引导、市场化运作、优选服务”的机制，打破区域资源壁垒，充分整合三地各类资源，为创新创业者提供专业服务。

2. 区域科技创新产业园区的数量持续增加

产业层面的协同创新共同体主要是以产业园区模式体现，后者可以发挥推动产业转移、促进技术传播和引领技术创新的功能。中关村是国内科技创新的一面旗帜，它是我国第一个国家高新区、第一个国家自主创新示范区，拥有许多“先行先试”的特殊政策，拥有的上市企业数量已超过 300 家。近年来，中关村紧追全球技术浪潮和产业前沿，率先在大数据、互联网 + 等新兴产业进行布局，催生了一批受到国内外资本市场追捧的上市企业。2016 年，中关村新上市的企业总市值接近1700亿元，平均每家企业市值88亿元。京津冀一体化建设中，园区共建这一产业协同、共同创新的模式正成为重要抓手，中关村在其中发挥了重要作用。

2013年11月，中关村管委会、中关村发展集团、天津市宝坻区人民政府签署战略合作框架协议，决定共建京津中关村科技城。根据《中关村京津冀协同创新共同体建设行动计划（2016～2018）》，“一链三带多社区”的协同创新共同体正加快建设。过去三年里，北京中关村与天津滨海，河北曹妃甸、承德、保定、石家庄等地，在创新创业生态系统构建、园区链建设、产业协同发展等方面进行了积极探索。包括天津滨海—中关村科技园、中关村海淀园秦皇岛分园、宝坻京津中关村科技城、中关村曹妃甸高新技术成果转化基地、保定·中关村创新中心、石家庄（正定）中关村集成电路产业基地等众多中关村推动的京津冀区域科技创新园区正快速成型，成为京津冀协同创新的重要载体。截至2016年年末，北京中关村企业累计在津冀两地新设立分公司2709家，设立子公司3140家。由中关村发展集团发起、联合天津、河北等地方政府及金融机构设立的“中关村协同创新投资基金”也于2016年完成工商登记注册工作，这是国内首支区域协同基金，它采取“1+1+N”模式（即1支母基金，1支协同创新基金，N支区域子基金），为区域重点产业化项目、创客空间、共建园区提供融资支持。

此外，承德节能环保及大数据产业集聚园区、北京曹妃甸现代产业发展试验区、北京沧州生物医药产业园、河北张承生态功能区、新机场临空经济合作区等合作共建产业园区正按计划陆续建成并投入使用，一个以区域创新要素自由流动为基础，通过推动创新要素和产业结构的优化组合，释放发展潜能，实现区域发展的新格局正在形成。

3. 通过产业转移完善了区域创新布局

有序疏解北京的非首都功能是京津冀协同发展战略的核心，包括信息技术、装备制造和商贸物流在内的八类产业已经成为北京亟须向津冀两地转移的重点产业。通过产业的跨区域转移，京津冀能够充分发挥在产业链和创新链不同环节的比较优势，它也为三地协同、错位发展带来了机遇。为鼓励产业转移，2015 年 6 月国家税务总局发布了《京津冀协同发展产业转移对接企业税收收入分享办法》，明确以京津冀协同发展产业转移对接企业税收收入的分享税种、企业范围和分享方式为主要内容的分享方案。它在一定程度上保护了迁出地的利益，有助于调动迁出地政府的积极性，从而推动制造产业和创新要素的重新布局。

近年来，北京向津冀两地有序转移的企业数量不断增加，例如北京现代汽车在河北沧州投建第四工厂、北汽福田汽车在河北承德建设新能源智能化产业基地、北京金隅集团在河北沧州投建年产 4 万吨胶黏剂及 5 万吨聚羧酸类减水剂项目。据统计，2016 年北京企业在津冀两地的投资认缴额分别增长 26% 和 100%，当年河北从京津引进项目 4100 个、资金共计 3825 亿元，分别占全省的 42% 和 51%。2014 ~ 2016 年，京冀企业在津投资项目 4865 个，累计到位资金 5226.7 亿元，占天津引进内资的 44%；天津企业到河北投资项目超过 2600 个，累计到位资金 1300 多亿元。三地逐渐形成优势互补、相融相促的一体化产业格局，区域定位也逐渐明晰。

二、当前京津冀地区创新改革试验面临的主要问题

长期以来，京津冀都被视为国内科技智力资源和创新资源最密集

的地区，它聚集了全国约1/4的著名高校、约1/3的国家重点实验室以及约2/3的两院院士，具备科技创新所需的各类人力和物力条件。然而，由于体制机制的阻碍和区域间发展水平的差异，当前三地协同创新仍有巨大潜力可挖。

（一）经济发展水平和创新要素禀赋的差距明显

一是京津冀处于不同的经济发展阶段，科技进步对经济增长贡献率差距较大。地区经济发展水平对创新要素的分布具有直接影响，尽管河北经济总量高于京、津两大直辖市，但其人均地区生产总值远远落后于京津两地。2016年国内各省市人均地区生产总值排名中，天津以11.56万元的佳绩排名榜首，北京（11.47万元）排名第二，而河北省仅为4.03万元，约为京津的1/3，差距明显。从产业结构上看，目前北京第三产业比重高达80%，已进入后工业化时期。天津从2015年起第三产业比重超过第二产业，根据钱纳里工业化阶段理论判断，它处于工业化后期。未来第三产业对天津经济发展的推动作用会继续加大，双轮驱动特征将更加明显。河北省“十二五”期间第三产业占比逐步提升，但当前仍呈现“二三一”的产业结构，且第一产业比重超过10%，处于工业化中期（见图1）。北京作为全国科技创新中心，2016年科技进步对当地经济增长的贡献度超过了60%，实现由投资驱动向创新驱动发展的动力转换，而河北仍处于要素驱动和投资规模驱动发展为主的阶段，必然会降低京津两地创新要素的外溢效果。

二是京津冀的创新要素禀赋存在明显差异。截至2016年年底，在京两院院士约766人，约占全国的1/2；在京各类科研院所412家，位居全国首位；创业投资、股权投资管理机构近4000家，管理资金总量

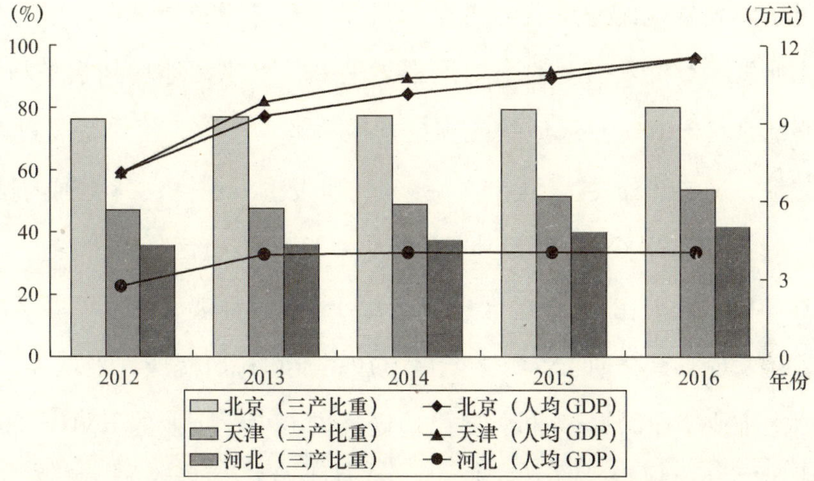

图 1　2012～2016 年京津冀三产比重和人均 GDP 变化统计

资料来源：《北京市国民经济和社会发展统计公报（2012～2016 年）》《天津市国民经济和社会发展统计公报（2012～2016 年）》《河北省国民经济和社会发展统计公报（2012～2016 年）》。

约 1.6 万亿元；北京科技型企业累计 43.3 万家，新三板挂牌企业 1470 家；2014～2016 年，北京市获得国家科学技术奖项目 223 项，占全国的 31.5%。表 1 统计了京津冀部分主要的创新指标数据，可以看出三地的创新资源禀赋存在明显差异。

表 1　2015 年京津冀主要创新指标数据比较

对比指标	北　京	天　津	河　北
R&D 人员（万）	35.07	17.78	16.4
R&D 人员占全国比重（%）	6.4	3.2	3
R&D 人员全时当量（人年）	24.58	12.43	10.7
R&D 经费投入强度（%）	6.01	3.08	1.18
R&D 经费内部支出（亿元）	1384	510	350
规模以上工业企业的 R&D 人员（万）	7.28	11.72	11.34
规模以上工业企业的 R&D 经费内部支出（亿元）	244.09	352.67	285.8
规模以上工业企业的 R&D 机构数（家）	809	1062	1245

资料来源：《中国科技统计年鉴（2016）》。

统计显示，北京拥有的研发人员数量仅次于江苏、广东和浙江，超过了津冀两地的总和，约占全国研发人员总数的6.4%。2015年，全国研发经费投入强度的平均值是2.07%，京津两地均高于平均值，其中北京（6.01%）遥遥领先国内其他地区，连续5年保持超过6%的佳绩，远超部分发达国家3%~4%的研发投入强度，高于国内排名第二的上海2.28个百分点。同期国内有23个省市区低于平均值，河北省（1.18%）在31个地区中排名第18位，与京津两地差距较大。统计还发现，首都创新资源主要集中在高校和科研院所，表现为“规模以上工业企业的R&D机构数”“规模以上工业企业的R&D经费内部支出”和“规模以上工业企业的R&D人员”等指标的表现不如津冀两地。反映企业尚未真正成为北京的创新主体。目前当地R&D投入中企业仅占1/3，特别是中小企业创新发展的持续能力不强、持续性研发投入有限，企业技术创新机构仍然偏少。

三是公共服务水平落差大造成京津对河北“虹吸效应”持续增强。长期以来，京津冀在义务教育、医疗、社会保障等诸多方面存在明显的差别，某些直接关系民生的重要公共服务领域甚至存在“断崖式”的巨大落差。公共资源配置不均衡，导致特大城市人口过于膨胀、中小城市吸纳力严重不足，难以形成多中心城镇格局，限制了创新型人才的自由流动。据统计，过去10年京津冀人口空间分布不均的局面进一步加剧，区域内人口更多向北京和天津两座特大城市集中。10年里京津冀的常住人口，北京占比从16.5%上升至19.4%，天津从11.3%上升至13.9%，而河北则从72.2%下降至66.7%。从增量人口来看，过去10年京津冀地区新增1651万人，其中北京吸纳35.9%，天津吸纳25.9%，而作为人口大省的河北仅吸纳34.6%。事实上，不仅河北整体与京津两地存在较大差距，省内各地公共服务水平不平衡的现象也非常突出。

从表2中的统计数据可以看出，以常住人口计算的人均公共财政预算支出，京津两地分别是河北的3.5倍和3倍。两市不仅拥有优质的教育资源，其人均公共教育支出也远远高于河北。尽管河北的城镇职工平均养老金已逐渐接近天津的水平，但与北京仍有较大的差距。而在医疗卫生、公共交通和失业保险等方面，同为直辖市的天津也同样落后于北京。

表2　2014年京津冀主要公共服务指标数据比较

对比指标	北　京	天　津	河　北
人均公共财政预算支出（万元）	2.1	1.87	0.63
人均可支配性收入（万元）	4.45	2.88	1.66
人均公共教育支出（元）	3525	3409	1087
城镇职工平均养老金（元/月）	3355	2295	2043
失业保险率（%）	48	19	7
每万名常住人口拥有执业医师数（人）	37	22	21
每万人拥有公共交通服务里程（公里）	9.46	6.59	3.52
每百平方公里拥有公园数（个）	1.46	0.68	0.25

资料来源：《中国城市统计年鉴（2015）》。

（二）北京科技创新中心对津冀的辐射作用有限

一是北京每年的技术创新成果大多流向京津冀以外的地区。依托首都丰富的科技创新资源，北京是每年国内技术市场技术输出合同数和合同金额最多的地区。2013～2015年，北京每年对外输出技术合同成交额分别是2851.7亿元、3137.2亿元、3453.9亿元，对全国的贡献度超过了1/3。然而上述技术合同大多却流向京津冀以外的地区，如长三角和珠三角，对津冀的辐射带动作用有限。数据显示，小米的12家配套公司中，有9家来自珠三角，仅深圳就有7家，剩下3家来自南京、厦门、洛阳。2014年中关村流向外省市的技术合同，流入广东省的数量超过了津冀之和的1.5倍。这造成北京的科技、人才等创新要素与河北的资源、区位优势长期缺乏有效融合，未能形成整体竞争力。

表3统计了2011～2015年京津冀地区技术市场成交额的分布情况，可以看出“十二五”期间天津的技术合同成交额呈快速上升趋势，从169.38亿元提升至503.43亿元，增加了2倍，同期北京和河北的数值也都提高约50%。近年来北京与津冀两地的技术合同交易互动有所增强，2015年北京向津冀输出技术合同成交额111.5亿元，同比增长34.2%；2016年北京向津冀输出技术合同成交额154.7亿元，同比增长38.7%，约占当年津冀两地流入技术合同成交总额的32.6%。

表3　2011～2015年京津冀技术市场成交额占比统计　单位：%

年份	北京	天津	河北
2011	90.65	8.11	1.25
2012	90.10	8.50	1.39
2013	90.28	8.74	0.98
2014	88.27	10.92	0.82
2015	86.41	12.59	1.00

资料来源：《中国科技统计年鉴（2012～2016）》。

二是京津冀区域间产业关联和协作不够紧密。从三地产业发展现状看，北京工业比重不高，对周边地区辐射主要集中在消费性外溢，创新驱动对区域协同的引领作用发挥不够。天津重工业比重高达80%，产业外向型主导特征明显，辐射影响范围主要集中在辖区范围内。河北高耗能产业较多，主要集中在钢铁、水泥等行业，传统重化工业占比接近90%。因此北京、天津两个核心城市对河北辐射带动较弱，后者也难以吸引京津产业转移。此外，研究还发现京津冀存在局部的产业结构趋同现象。例如三地的钢铁产业、石油行业、汽车制造业、制药业等行业均具有较高发展水平，一定程度上会造成资源过度竞争。当前京津冀缺乏具有国际竞争力的世界级产业集群，这与各地产业自成体系、关联度不高有很大联系。

三是市场化程度不高持续影响着协同创新效果。作为首都的北京在经济发展中长期享受行政力量带来的便利，这里聚集了一大批高等院校、国家重点实验室、大型国有企业尤其央企总部等机构，每年创造的科技产出数量始终处于各省区市前列。然而，与长三角和珠三角地区相比，京津冀的市场化程度明显偏低。国有经济占据了主导地位，民营经济发展相对不足，行政干预、地方保护、贸易壁垒等现象时常发生，直接影响三地新技术、新产品、政府采购和推广应用统一市场的建立，难以发挥市场机制在产业协作过程中的调节作用。另一方面，与沿海城市相比，北京的外资企业数量偏少。尽管内资企业在“R&D 人员数”“R&D 内部支出”“专利申请数”和“新产品产值”等绝对量指标统计中占据了优势，然而如果考察 R&D 单位投入和产出，外资企业的表现更优，后者凭借 2% 的企业数量和 4% 的资产，却创造 30% 的专利申请数，50% 的新产品产值和销售收入。因此，加快推动国有企业激励机制改革，可以有效提升京津冀的创新潜力。

（三）现行体制机制制约了区域协同创新的效果

一是各自为政的发展思路导致区域协调发展缺乏利益纽带。京津冀公共资源配置不均衡导致创新要素流动受阻的深层次原因源于当前的体制机制，具体包括长期以来实行的“分灶吃饭”财政体制、现行税务制度下关于税收和税源分离的规定以及有待改善的地方间横向财政转移支付制度等。现行的政绩考核制度也是导致区域协调发展缺乏利益纽带的重要因素，一旦过分重视“一亩三分地”的利益很容易造成各自从区域定位、优势出发谋划经济社会发展，更多考虑自己行政辖区的具体问题，但站在京津冀协同发展的大背景下审视不够，缺乏“区域一盘棋”的发展理念。具体表现为相邻区域的发展规划缺乏衔接，基础设施共建共享不够，“断头路”频发，对资源开发利用和环境保护意义认识不足，生态补偿机制不健全，资源浪费严重，从而阻碍了地区内合作、协调、有序发展。

二是传统的人事管理制度阻碍了高层次人才引进。尽管与国内其他地区相比，京津冀所拥有的优秀人才不论数量或者质量，都已处于领先地位。但是中央已经明确提出将重点打造以首都北京为核心的世界级城市群，创新将作为经济增长的新引擎，这是京津冀未来中长期的发展目标。对标国际先进水平，京津冀面临的首要问题是高端科技创新人才数量不足，尤其具有国际视野的高端科技领军人才不足。虽然近年来各地不断推动人事制度改革，但部分深层次问题仍未得到解决。例如“官本位”思想持续影响着科研人员的价值观、科研院所学术行政化的风气会侵占研究人员的合法权益、重视论文专著数量的职称评审体系不利于企业创新人才的引进和培养、缺乏灵活的管理制度容易限制海外高层次人才的创新思维等。

三是创新成果转化的有效路径不够清晰。京津冀地区共拥有513家研发机构，占东部地区的比重达到35.8%，比长三角地区多128家。其中大部分分布在北京，以高校、研究机构、各行业的国家重点实验室为主。由于尚未形成以企业为主体的产学研合作机制，当前的创新成果主要来自国家层面的研发计划和战略布局，较多集中于高端领域和高端环节，与京津冀的产业对接不足，导致创新成果难以落地、短期内实现产业化；而部分行业内转制的科研院所由于面临严峻的生存和盈利的压力，其过去承担的共性技术研发职能也逐渐被削弱，造成同一行业内的企业间各自为政搞研发，缺乏科技资源和研发成果共享。另一方面，京津冀长期以来依靠行政化配置科技资源，阻碍了科技产学研协同创新。据统计，三地通过中介服务机构实现科技成果转化的比例远低于长三角和珠三角，靠科技人员自己和所在单位联系并实施转化的情况仍然相对普遍。

三、主要结论与经验启示

京津冀地区拥有国内8%的人口，每年为全国创造10%的地区生产总值，是中国北方经济规模最大、最具活力的地区，有条件成为新时期引领我国经济的又一战略性增长极，甚至成长为世界级城市群。关键在于加强协同创新，促进区域协调发展。因此推动全面创新改革和京津冀协同创新，已成为三地实现更高水平、可持续发展的必由之路。在新一轮技术革命处于孕育和全球价值链分工体系深度调整的背景下，创新活动的复杂性和不确定性显著提高，传统体制下单个行政区域为边界的创新体系难以适应新变化，需要在更大空间范围内有效整合创新要素，构建开放协同创新机制和创新网络，这也是京津冀创新改革面临的重要历史背景。事实上，当前北京的城市规模快速扩大、遭遇产业转型压力，河北面临发展质量和效益不高、结构性矛盾突出问题，天津亟待实现制造业和服务业的双轮驱动，三地都需要加快实施创新驱动战略以转变发展方式，因此须借助政府行政和市场机制共同发力，清除阻碍创新改革的制度性因素，促使创新主体的潜力发挥。

（一）跨区域超级协调机构能为创新改革提供组织保障

推动区域协调发展是各国政府普遍面临的问题，由于各地的经济水平、资源禀赋和发展目标存在差异，如果仅仅靠市场机制配置资源恐怕很难达到预期效果，因此需要创造一个跨区域的超级协调机构。美国、德国和日本等发达国家在发展过程中也曾经遭遇过上述问题，最终都是通过设立类似机构实行了协调发展。

在美国，发挥上述职能的机构是“都市圈规划组织（MPO）”。其成员来自所在区域多个地方政府的各相关部门，其行使的职责权利具备相关法规的保障和资金来源基础，可以对区域协调产生实质性作用，从而达到区域共赢的效果。在德国，为了协调首都柏林和近邻的勃兰登堡州之间的发展问题，两地政府于1996年组建了一个正式的跨州规划合作机构即“联合区域规划部”。该机构以“平等分配发展机遇及潜力、强化共同的经济需求、促进两州共同发展、保护生活依赖的自然资源、增进区域竞争力”为目标，拥有直接的政治权利来制定和执行联邦州层面的规划决策。在日本，1976年起国土综合开发厅下属的大都市圈整备局开始全面负责东京都市圈、中部圈和近畿圈的整体规划和建设，规划主体与地方政府是主导与从属的关系。规划决策权力的上移对于提升区域性规划编制效率和实现效果作用显著，同时保证了首都圈规划和全国性规划体系的一致性。

2014年之前，京津冀三地的合作进展一直缓慢，缺乏一个强有力的跨区域协调机构也是原因之一。直到京津冀协同发展被提升为重大国家战略之后，终于产生了高规格的“京津冀协同发展领导小组”和相应的专家咨询委员会。该领导小组的组长和咨询委员会主任分别由张高丽副总理和徐匡迪院士担任，还在国家发展改革委设立了“京津冀协同发展领导小组办公室”，专门负责推进相关的工作。领导小组成立两年多来，在加快三地协同发展方面发挥了积极影响，直接推动了多项重要政策的落地。

一是明确了京津冀协同发展的近期、中期和远期目标。将交通一体化、生态环境保护、产业升级转移等重点领域确定为重要突破口。陆续发布《京津冀协同发展规划纲要》《京津冀协同发展交通一体化规划（2014～2020年）》《京津冀协同发展土地利用总体规划（2015～2020年）》和《京津冀协同发展生态环境保护规划》等重要规划。二是有序疏解北京非首都功能的对外转移。近年来北京累计调整疏解了动物园、大红门、天意等370余家批发交易市场，推动区域性批发市场和一般性制造业企业等向外疏解，促进产业有序承接转移。据统计，北京已累计退出一般性制造业企业1341家，调整疏解商品交易市场350家。2016年，北京企业在津冀两地的投资认缴额分别增长26%和100%，河北从京津引进项目4100个、资金3825亿元，分别占全省的42%和51%。三是加快推动京津冀公共服务均等化建设。由于两市一省财力差距存在巨大鸿沟，短期内不可能实现公共资源配置均等化，但是各地政府均进行了积极探索。例如已经出台本地养老保险跨区域转移接续办法实施细则、推动京津两地高校到河北办分校、支持开展合作办医试点等政策。四是切实改善京津冀大气污染状况。2015年，三地环保部门签署了《京津冀区域环境保护率先突破合作框架协议》，明确以联合立法、统一标准、统一监测、信息共享等为重点的10项工作，正式启动“京津冀环境执法联动工作机制”。2016年，三地政府联合发布《京津冀大气污染防治强化措施》（2016～2017年），把大气污染防治与供给侧结构性改革相结合，形成长效治理机制。目前京津冀环境空气质量得到明显改善，过去三年区域PM2.5平均浓度下降了约33%，“蓝天保卫战”初见成效。

（二）明确功能定位、追求错位发展是创新改革的目标

京津冀协同创新的总体目标是：以北京为核心，立足京津冀，建设全国科技创新中心，培养新的战略性增长极，以创新驱动实现京津冀三地转型发展。具体来说，就是要使京津冀地区的创新环境不断改善、自主创新能力不断提高、科技创新对转型发展的支撑作用逐步增强；产业价值链和国际竞争力不断提升，对全国的辐射带动作用更加显著。为实现上述目标，结合两市一省的资源禀赋，实施错位发展战略应当写入各地政府的中长期发展规划。作为全国的科技创新中心，北京要利用科技资源丰富、原发性创新能力强的优势，充分发挥作为研发中心和技术孵化中心的作用；天津作为国内高新技术产业基地，技术研发和成果转化的能力较为突出，科技型中小企业发展具有明显特色和优势；仍处于工业化中期的河北创新能力相对较弱，但是技术承接潜力明显，装备制造、新能源、生物医药等产业在国内具有竞争优势。当前正建设的京津冀大数据产业协同创新平台就是很好的例证，以北京为创新核心，以天津为综合支撑，以张家口、廊坊、承德、秦皇岛、石家庄等地区为应用拓展，协力打造成国家大数据产业创新中心。未来三地应继续坚持各自功能定位，通过创新链上技术研发、转化、应用的密切合作，形成优势互补、互利共赢的区域创新格局，完成区域整体产业结构升级。

逐步减少行政干预、努力提高市场化水平也应成为京津冀创新改革重要内容。在落实京津冀协同发展战略的过程中，通过行政手段配置资源固然可以缩短任务的完成时间，但却不能充分调动市场和社会的积极性，且容易忽视政策执行过程中的具体问题。北京个别批发市场搬迁后原有商户大量流失，就是因为前期调研准备不充分导致。事实上，区域协调发展、推动协同创新都需要以各地合作诉求为基本前

提和现实基础，依赖政府“点对点”资助的合作项目不一定能取得预期效果。反之，通过构建激励相容的外部环境，缩小三地基本公共服务上的差距，激发市场主力的活力，让相关企业和社会组织在参与中受益，发挥普遍性政策的作用，带动产业链的协作，不仅能降低政策落地的困难，加快资源要素自由流动，促进创新成果转化，还能减少相关行政管理费用的支出，避免财政资金的浪费，实现“1 + 1 > 2”的双赢效果。

（三）“区域一盘棋”理念有助于提高创新改革的成效

要真正实现京津冀协同发展，必须牢固树立“区域一盘棋”的核心理念。习近平总书记指出，京津冀协同发展意义重大，不仅仅是为了解决北京、天津、河北的矛盾和问题，而且是国家优化空间布局、培育新的增长极、转变发展方式的需要，是一项重大的国家战略。因此，尽管当前三地都面临个性化的问题，但转型升级是三地共同的使命和任务。

一方面，探索完善横向税收分享机制和基础设施共建成本分摊机制。在疏解非首都功能过程中，京内企业的对外搬迁带来了迁出地区和迁入地区的税收分享问题。尽管国家税务总局及时颁布《京津冀协同发展产业转移对接企业税收收入分享办法》，但近年在执行过程中仍然会出现许多新问题亟待解决。据报道，在引入北京创新资源方面，天津和河北已形成了事实上的竞争而非合作关系，即使推进速度较快的创新产业园区共建也多以京津、京冀双边合作为主，尚未完全形成真正的三地协同创新。建议下一步完善利益分享和成本分摊机制时，应当坚持让三地发展共同受益的原则，同时对经济落后地区给予适当的倾斜补偿。例如涉及产业转移对地方税收的影响时，应当进行更加科学地测算，要对产业的类型、企业的规模、行业的属性等因素进行区分，确定相对合理的地区分享比例，避免政策“一刀切”影响企业和政府对搬迁的积极性。

另一方面，充分发挥核心园区对区域协同创新的引领作用。北京中关村国家自主创新示范区和天津滨海新区是京津冀区域内创新要素最聚集、创新改革力度最大的两个重点地区，享受了许多中央“先行先试”的科技政策，并已建成一批具有全国、全球影响力的创新企业。下一步，要继续发挥上述两大核心科技园区的引领作用，深入推进京津冀三地综合创新示范园区建设，逐步将中关村的“1+6”“新四条”和滨海新区的土地、金融、税收等一系列政策在综合创新示范区推广，有效聚集高端创新资源，大幅提升科技创新能力。同时争取在园区内进行更广范围的科技创新和产业政策试点，以弥合三地政策落差和资源配置差距，真正实现京津冀协同创新发展。还应当按照“共建、共管、共享、共融”原则，围绕综合创新示范园区运营管理，积极探索省际间科技研发前期成本共担和后期利益共享的新模式、示范区内 GDP 增量核算和税收收入分成机制，为国内其他科技园区的推广总结经验。

执笔人：郭　巍

参考文献

[1] 陈芳．政策扩散、政策转移和政策趋同——基于概念、类型与发生机制的比较．厦门大学学报（哲学社会科学版），2013（6）

[2] 陈光．四川推进全面创新改革试验：目标、路径与举措．党政研究，2015（6）

[3] 陈志国，李海川．京津冀协同创新发展要素的比较分析．经济论坛，2016（3）

[4] 崔新健，崔志新．区域创新体系协同发展模式及其政府角色．中国科技论坛，2015（10）

[5] 邓江年．制度创新是集聚创新要素的关键．南方日报，2016－1－8

[6] 董昕．以科技创新驱动区域协调发展的国际经验与政策建议．中国社会科学院（要报）研究报告，2017－1－22

[7] 国家发改委．全面创新改革试验进展情况汇报．内部资料，2016－12

[8] 韩博天，石磊．中国经济腾飞中的分级制政策试验．开放时代，2008（5）

[9] 胡树华，牟仁艳．构建区域创新体系战略研究．北京：科学出版社，2016

[10] 黄速建，刘建丽．当前中国区域创新体系的突出问题．人民论坛·学术前沿，2014－9

[12] 课题组．改革梗阻现象的根源与治理．改革内参，2017－3

[13] 李国平．京津冀地区科技创新一体化发展政策研究．经济与管理，2014（6）

[14] 李鲁，张学良．上海自贸区制度推广的“梯度对接”战略探讨．外国经济与管理，2015（2）

[15] 李云新，贾东霖．国家级新区的时空分布、战略定位与政策特征——基于新区总体方案的政策文本分析．北京行政学院学报，2016（3）

[16] 刘凤朝，孙玉涛．我国科技政策向创新政策演变的过程、趋势与建议——基于我国289项创新政策的实证分析．中国软科学，2007（5）

[17] 刘伟．政策试点：发生机制与内在逻辑——基于我国公共部门绩效管理政策的案例研究．中国行政管理，2015（5）

[18] 龙云凤．广东省创新政策环境现状及问题分析．科技管理研究，2014（15）

[19] 梅立润．政策试验的国家治理定位与研究述评．中共南京市委党校学报，2016（2）

[20] 宁骚．政策试验的制度因素——中西比较的视角．新视野，2014（2）

[21] 牛欣，陈向东，张古鹏．典型创新型城市创新特征对比研究．科技进步与对策，2013（19）

[22] 任荣伟．经济新常态下两岸四地协同创新机制研究．中国科技产业，2015（3）

[23] 孙蕊，吴金希、王少洪．中国创新政策演变过程及周期性规律．科学学与科学技术管理，2016（3）
[24] 拓晓瑞，商惠敏、陈相．粤港科技合作的发展历程与成效研究．科技管理研究，2016（12）
[25] 温兴琦．创新政策还是产业政策：区域创新政策悖论及启示．科技进步与对策，2015（23）
[26] 王家庭，季凯文．国家综合配套改革试验区制度创新空间扩散研究．城市，2007（9）
[27] 王丽钧，顾新．跨行政区域创新体系的形成与演化研究．科技进步与对策，2012（17）
[28] 王浦劬，赖先进．中国公共政策扩散的模式与机制分．北京大学学报（哲学社会科学版），2013（6）
[29] 王松，胡树华，牟仁艳．区域创新体系理论溯源与框架．科学学研究，2013（3）
[30] 吴昊，温天力．中国地方政策试验式改革的优势与局限性．社会科学战线，2012（10）
[31] 谢宝剑．基于演化博弈视角的粤港区域合作分析．暨南学报（哲学社会科学版），2016（10）
[32] 谢宝剑．粤港澳大湾区创新共同体建设研究．课题研究报告，2017－3
[33] 谢宝剑，高洁儒．区域协同创新视角下的粤港跨境创新系统合作研究．内部工作论文，2016－10
[34] 谢宝剑，张晓春．政策试验与扩散：以自贸区可复制经验为例．内部工作论文，2016－10
[35] 徐晓波．政策试验：顶层设计阶段的考量．湖北社会科学，2015（2）
[36] 杨省贵，顾新．区域创新体系间创新要素流动研究．科技进步与对策，2011（23）
[37] 伊彤．区域创新体系中的中央政府与地方政府．中国科技论坛，2014（4）
[38] 张建伟．“变法”模式与政治稳定性——中国经验及其法律经济学含义．中国社会科学，2003（1）
[39] 张丽佳、侯红明、李宏荣．长三角、珠三角、环渤海区域创新能力与政策比较研究．科技管理研究，2013（18）
[40] 张璐琴．改革决策设计存在的主要问题．改革内参，2017－3
[41] 张永伟．推进改革落地的有效途径．调查研究报告白头件，2016－12
[42] 张永伟．试点改革方式研究．课题研究报告，2015－3
[43] 郑碧强，许川．政策借鉴的内涵、架构和功能——兼论与政策移植的比较．中国行政管理，2016（1）
[44] 周洪宇．国家自主创新示范区创新能力比较研究——以北京中关村、武汉东湖、上海张江为例．科技进步与对策，2015（22）
[45] 周明．如何避免改革的部门化和碎片化？．改革内参，2017－3
[46] 周望．中国“政策试点”研究．天津：天津人民出版社，2013
[47] 周望．政策扩散理论与中国“政策试验”研究：启示与调适．四川行政学院学报，2012（4）
[48] 朱亚鹏．政策创新与政策扩散研究述评．武汉大学学报（哲学社会科学版），2010（4）